© Verlag Zabert Sandmann GmbH
München
1. Auflage 2002
ISBN 3-89883-032-2

Grafische Gestaltung	Barbara Markwitz
Illustrationen	Frank Duffek
Fotografie	Jo Kirchherr
Foodstyling	Oliver Brachat
Rezeptbearbeitung	Monika Reiter, Simone van de Voort
Redaktion	Beate Pfeiffer, Edelgard Prinz-Korte, Kathrin Ullerich
Herstellung	Karin Mayer, Peter Karg-Cordes
Lithografie	inteca Media Service GmbH, Rosenheim
Druck und Bindung	Stalling GmbH, Oldenburg

Besuchen Sie uns auch im Internet unter www.zsverlag.de

Alfons Schuhbeck · Leslie Rowe

Sonne-Mond- und-Sterne-Küche

Sternzeichen und ihre Lieblingsrezepte

ZABERT SANDMANN

Inhalt

Himmlische Küche

Wehe, wenn in Bayern 3 das Horoskop von Leslie Rowe (täglich 9.10 Uhr) oder die Schlemmerrezepte von Alfons Schuhbeck (freitags 9.40 Uhr) einmal entfallen oder verschoben werden – dann laufen die Telefonleitungen heiß: Die Bayern 3-Hörer wollen nicht auf ihre Sterne und ihren Sterne-Koch verzichten! In diesem Buch werden Astrologie und Gastronomie zum ersten Mal gemeinsam „serviert": Die Journalistin und Bayern 3-Astrologin Leslie Rowe hat die Küchen-künste der verschiedenen Sternzeichen recherchiert, ihre Gastfreundschaft und ihre Geschmacksnerven getestet, verrät ihre Lieblingsgäste und -gerichte.

Leibspeisen und Liebesmenüs, die keiner besser zaubert als Bayern 3-Sterne-koch Alfons Schuhbeck. Er ist der Star der Sterneküche, führt mit seinen Suppen selbst Feinschmecker-Krebse und überkritische Jungfrauen in Versuchung. Er schenkt Widdern reinen Wein ein und lässt Stiere in Süßspeisen schwelgen. Da bekommen Waagen etwas fürs Auge aufgetischt, Wassermännern wird die krea-tive Küche serviert, die sie lieben, und selbst Zwillinge müssen nicht mehr lange überlegen, für welches Gericht sie sich entscheiden sollen.

Schon seit mehr als 5000 Jahren fasziniert der Blick in die Sterne die Menschen. Der römische Kaiser Konstantin ließ den Zeitpunkt für die Gründung der Stadt Konstantinopel astrologisch planen, Christopher Columbus soll den Termin für die Abreise nach Amerika nach dem Lauf der Sterne berechnet haben, der Feldherr Wallenstein fragte vor einer wichtigen Schlacht seinen Hofastrologen Johannes Keppler um Rat.

Dabei hat Astrologie nichts mit Glauben oder Hellseherei zu tun, sondern ist vielmehr unterstützende Lebenshilfe. Die 12 Tierkreiszeichen sind dabei Symbole für die verschiedenen Persönlichkeitsformen der Menschen. Jedes Zeichen ent-wickelt das Vorangegangene weiter und fügt etwas Neues hinzu. So startet der Tierkreis mit dem Impuls des Widders, der Stier bringt diese Energie in eine feste

Form, die Zwillinge geben der Form eine Funktion, bis der Fisch am Ende die Unterschiede der verschiedenen Zeichen auf eine höhere Ebene hebt, auf der wieder alles von vorne mit dem Widder beginnen kann.

Ob Stier, Steinbock oder Skorpion – jedes Sternzeichen lebt und isst also ein wenig anders. So wartet der Widder ungern im Restaurant. Jungfrauen achten nicht nur auf die richtige Ernährung, sondern auch auf die Sauberkeit ihrer Gastgeber und für Krebse geht die Liebe durch den Magen – am schnellsten entflammen sie bei romantischer Musik, einem Glas Wein und einer guten Suppe.

Dieses Buch ist ein Streifzug durch die Sterne-Küch am Himmel wie auf der Erde, bietet eine Charakter- und Geschmacksanalyse der verschiedenen Sternzeichen. Wir wollen keinem Sternzeichen vorschreiben, was ihm zu schmecken hat, sondern vielmehr mit einem Augenzwinkern seine typischen Eigenschaften und Vorlieben beschreiben. Jeder, der einmal einen Blick in ein Horoskop geworfen hat, weiß, dass es da neben Sonne, Mond und vielen anderen Sternen auch noch einen Aszendenten gibt. Deswegen wird eine Jungfrau mit einem Skorpion-Mond, ein Schütze mit einer Fische-Venus oder ein Stier mit einem Waage-Aszendenten gerne auch beim anderen Sternzeichen nachschlagen und vielleicht dort sein Lieblingsgericht finden.

Übrigens: Dieses Buch wurde von zwei „Stieren" geschrieben: Beide sind große Genießer, kochen und essen gerne – und zwar alle Gerichte der Sonne-Mond-und-Sterneküche!

Alfons Schuhbeck   *Leslie Rowe*

Was schmeckt
dem Widder

Widder haben keinen komplizierten Geschmack. Als Feuer-zeichen lieben sie temperamentvollere und gehaltvollere Speisen: gut gewürzt und geradeaus. Es dürfte statistisch wenig Vegetarier unter den Widdern geben. Sei es Lamm, Fondue, Schnitzel oder Kalbfleischpflanzerl: Mit einem pikanten Fleischgericht oder Braten sind sie in der Regel immer zufrieden. Hauptsache, es geht schnell. Ganz oben auf der Lieblingsspeisekarte der Widder rangiert deshalb das Drei-Minuten-Steak. Servieren Sie Ihrem ungeduldigen Widder lieber keinen Fisch, es sei denn Lachs oder Thun-fisch ohne Gräten. Auch mit ungeschälten (!) Krebsen oder kalorienfreundlichen Salatplatten können Sie ihn wenig begeistern. Fünf-Minuten-Terrine, Pizza oder Toast – sicher Erfindungen von und vor allem für diese Hochgeschwindig-keitsgourmets. Knoblauch und Kartoffeln sind gut für ihren empfindlichen Kopf. Bei Getränken bevorzugen sie einen kräftigen Geschmack. Ein voller Rotwein oder ein würziges Bier ist ihnen lieber als Prosecco oder Weißweine.

Widder sind die Feldwebel

der Küche. Sie sind zu

ungeduldig, um sich lange

über den Inhalt von Kochtöpfen

den Kopf zu zerbrechen.

Wie kocht
der Widder

Der Widder-Koch betrachtet die Küche als ein Fußballfeld – mit ihm in der Hauptrolle als Kapitän und Stürmer. Er muss ungestört zwischen Kühlschrank und Kochplatten hin- und herlaufen können und wehe, jemand stellt sich ihm dabei in den Weg. Wer sich gemeinsam mit einem Exemplar dieses temperamentvollen Sternzeichens in die Küche wagt, sollte sich voll seinem Regiment unterwerfen oder eine Lebensversicherung abschließen. Dankbar lässt der Widder sich alle Geduldsarbeiten abnehmen: Finden Sie sich damit ab, dass es Ihnen allein überlassen bleiben wird, die Kartoffeln oder den Spargel zu schälen, die Karotten zu raspeln und über den Zwiebeln zu heulen. Beeilen sollten Sie sich dabei auch, denn Ihr Küchenchef wartet nicht gern.

Für Widder ist Kochen Kampf, am besten ein kurzer. Er wird sich nicht lange mit der Lektüre komplizierter Kochbücher oder Rezepte aufhalten, stundenlang im Gewürzregal kramen und alles geduldig mit dem Messbecher abwiegen. Da wird schon mal spontan der Cayennepfeffer eingesetzt, weil er im Regal ganz vorne steht und der Widder nicht die Geduld hat, weiter hinten nach der milderen Sorte zu suchen.

Küchengeräte, die den Kochvorgang beschleunigen, werden von Widdern auf Anhieb ins Herz geschlossen. Mit einem Schnellkochtopf fangen selbst an sich unbegabte Widder freiwillig zu kochen an. Großmutters langsamer alter Schneebesen aber landet spätestens nach drei Minuten in der Mülltonne. Das Aufräumen nach dem Essen in der Küche überlässt er meistens anderen und leidgeprüfte Widderpartner wissen, was sie dann erwartet: ein Schlachtfeld.

Feuriges Rindsgulasch
mit Paprika

Für 4 Personen

900 g Rinderwade
900 g Zwiebeln
1 1/2 rote Paprikaschoten
2 EL Öl
1 TL Tomatenmark
1–2 EL Paprikapulver
(edelsüß)
1/2 l Geflügelbrühe
3 Knoblauchzehen
1 TL gemahlener Kümmel
1 TL getrockneter Majoran
1 Streifen unbehandelte
Zitronenschale
1 scharfe Chilischote
Salz

▶ Das Rindfleisch von groben Sehnen befreien und in 3 bis 4 cm große Würfel schneiden.
▶ Die Zwiebeln schälen, halbieren und in dünne Streifen schneiden. Paprikaschoten waschen, putzen und in etwa 1 cm große Würfel schneiden.
▶ Die Fleischwürfel in einem großen Schmortopf im Öl bei mittlerer Hitze anbraten. Zwiebelstreifen dazugeben und 3 Minuten darin andünsten. Tomatenmark hineinrühren, mit Paprikapulver würzen und die Brühe dazugießen. Das Gulasch gut 2 Stunden mehr ziehen als köcheln lassen.
▶ Die Knoblauchzehen schälen und mit Kümmel, Majoran und Zitronenschale zu einer feinen Paste hacken. Das Rindsgulasch etwa 15 Minuten vor Garzeitende mit der Paste würzen, Chilischote und Paprikawürfel hinzufügen und das Gulasch salzen. Wenn die gewünschte Schärfe erreicht ist, die Chilischote wieder entfernen.
▶ Das Gulasch in vorgewärmte Suppenteller oder -tassen füllen und servieren.

Schuhbecks Tipp:

Wer einen etwas gehaltvolleren Eintopf
möchte, kann gut 20 Minuten vor
Garzeitende noch 1 bis 2 cm große
Kartoffelwürfel mit in das Gulasch geben.

Flambierte Crêpes
mit Orangen

Für 4 Personen
Crêpes:

3 Eier

250 ml Milch

100 g Mehl

1 Prise Salz

$^{1}/_{2}$ TL abgeriebene unbehandelte Orangenschale

50 g flüssige Butter

Öl und Butter zum Ausbacken

Orangen:

3 unbehandelte Orangen

Saft von 4 Orangen

1 TL Puderzucker

1 Msp Vanillemark

2 EL Zucker

2 cl Orangenlikör

Crêpes:

▶ Eier, Milch, Mehl, Salz, Orangenschale und Butter zu einem glatten Teig verrühren, durch ein Sieb gießen und 30 Minuten ruhen lassen.

▶ In einer beschichteten Pfanne aus dem Teig nacheinander 8 dünne Crêpes in etwas Öl und Butter backen. Die Crêpes auf ein Viertel zusammenfalten und warm stellen.

Orangen:

▶ Die Orangen mit einem Messer schälen, sodass auch die weiße Haut entfernt wird, und die Filets aus den Trennwänden herauslösen. Den austretenden Saft auffangen und zum Saft der 4 Orangen hinzufügen.

▶ Den Puderzucker in einer tiefen Pfanne karamellisieren lassen. Mit dem Orangensaft ablöschen, Vanillemark und Zucker hinzufügen und den Saft bei kleiner Hitze um ein Drittel reduzieren lassen. Die Orangenfilets hineingeben und erhitzen.

▶ Die Crêpes nebeneinander auf die Sauce legen, den Orangenlikör darauf träufeln, erwärmen und mit einem langen Streichholz anzünden. Nachdem der Alkohol verbrannt ist, auf vorgewärmten Tellern anrichten.

Schuhbecks Tipp:
Beim Flambieren sollte Alkohol nie direkt aus der Flasche auf das Gericht gegeben werden. Am besten, die abgemessene Menge in einer kleinen Pfanne oder einem Topf leicht erwärmen und zum Flambieren über das Gericht gießen.

Eher keine Gäste für Widder

Waagen lieben manches, was Widdern überflüssig erscheint. Spätestens an Fragen der Tischdekoration scheiden sich ihre Geister.

Widder brauchen Aktion und Bewegung, Steinböcke schätzen Ordnung und Stabilität. Das gibt keine enge Freundschaft, geschweige denn eine gemeinsame Mahlzeit.

Endlose Liebesmenüs, romantische Candlelight-Dinners, so lieben es die Krebse. Diese Liebe macht den Widder wahnsinnig und den Krebs trübsinnig.

Tiramisu
mit Haselnüssen

Gastgeschenke für den Widder

Beim Widder können Sie auf Mitbringsel verzichten – er legt keinen Wert auf solche Gesten. Falls Sie doch etwas für ihn gekauft haben, machen Sie sich gar nicht erst die Mühe, Ihre Gastgeschenke aufwendig zu verpacken. Eine möglichst einfach geknotete Schleife reicht völlig aus. Der Widder reißt jedes noch so schöne Papier in Sekundenschnelle in Stücke, weil es seiner Neugier und Ungeduld im Wege steht. Da Widder sportlich sind, freuen sie sich über alles, was zu ihrer Freizeitgestaltung beiträgt. Sie lieben Ferngläser, Kameras und technische Geräte, die wirklichkeitsnah, schnell und einfach zu bedienen sind. Widder lesen lieber Zeitung als Romane, aber auch mit Fachliteratur über ihre vielfältigen Interessensgebiete machen Sie ihnen Freude.

Für 4 Förmchen (7 cm Durchmesser)

Biskuit:

4 Eigelb

90 g Zucker

35 g Butter

3 Eiweiß

50 g Mehl

65 g gemahlene Haselnüsse (im Ofen leicht geröstet)

Mascarponemousse:

2 Blatt Gelatine

3 Eigelb

50 g Zucker

320 g Mascarpone (zimmerwarm)

1 Msp Vanillemark

270 g halbsteif geschlagene Sahne

Fertigstellen:

200 ml kalter, starker Kaffee

4 cl Haselnusslikör (ersatzweise Cognac)

Kakaopulver zum Bestäuben

Biskuit:

▸ Backofen auf 190 ℃ vorheizen. Eigelb mit 55 g Zucker schaumig aufschlagen, bis die Masse hellgelb ist. Butter bei milder Hitze schmelzen lassen. Eiweiß halbsteif schlagen und langsam den restlichen Zucker hineinrieseln lassen, weiterschlagen, bis die Masse glänzt.

▸ Die Hälfte des Eischnees unter die Eigelbmasse ziehen. Mehl und Haselnüsse dazusieben und vorsichtig vermischen. Restlichen Eischnee unterheben und zum Schluss die Butter unter den Teig ziehen. Biskuitmasse $1/2$ bis 1 cm hoch auf ein mit Backpapier ausgelegtes Blech streichen und im vorgeheizten Ofen in 15 Minuten goldbraun backen. Auskühlen lassen, Backpapier entfernen und 12 Kreise – entsprechend der Förmchengröße – ausstechen.

Mascarponemousse:

▸ Gelatine in kaltem Wasser einweichen. Eigelb und Zucker schaumig aufschlagen, bis die Masse hellgelb ist. Mascarpone esslöffelweise darunter rühren. Die Gelatine ausdrücken, in 2 Esslöffeln heißem Wasser auflösen. Mit dem Vanillemark in die Creme rühren. Zuerst ein Drittel der halbsteif geschlagenen Sahne, dann die restliche Sahne vorsichtig unterheben.

Fertigstellen:

▸ Kaffee und Likör in eine flache Schüssel füllen. Biskuitkreise nacheinander in der Kaffeemischung tränken und in je ein Förmchen legen. Knapp 1 cm dick mit der Mascarponemousse bedecken, einen weiteren Biskuit darauf legen und den Vorgang wiederholen, bis alle Zutaten aufgebraucht sind, dabei mit einer Mousseschicht abschließen. Das Tiramisu mindestens 2 Stunden kalt stellen. Vor dem Servieren mit Kakaopulver bestäuben.

Der Widder
als Gastgeber

Sind Sie spontan? Dann haben Sie die besten Voraussetzungen für ein Abendessen mit einem Widder. Dieses Sternzeichen bittet in der Regel eher kurzfristig zu Tisch. Ein kurzer Anruf oder schnell an der Ampel bei heruntergekurbeltem Wagenfenster – dieses Sternzeichen wird seine Einladung sicher nicht auf weißem Bütten formulieren. So sieht dann auch das Abendessen aus. Erwarten Sie nicht, dass Ihr Gastgeber wochenlang vorgekocht hat – seine Gerichte sind in der Regel genauso fix zubereitet, wie er Sie eingeladen hat.

Hoffen Sie auch nicht, dass er Sie besonders höflich und aufmerksam mit den anderen Gästen bekannt machen wird. Seien Sie froh, denn schlimmstenfalls wird er wildfremden Menschen genau das über Sie erzählen, was Sie eigentlich lieber für sich behalten wollten. Widder sorgen gerne mal für diese „Erde tu dich auf"- Situationen, in denen ihre Freunde am liebsten vor Scham im Boden versinken möchten. Von Höflichkeiten hält Ihr Widder-Gastgeber wenig und Sie sind schon an ein Unikat geraten, wenn er Ihnen aus dem Mantel hilft, die Tür aufhält und Sie an Ihren Platz geleitet.

Den Wein bei Tisch muss sich bei einer Widder-Einladung jeder selbst nachschenken. Wer nicht verhungern will, sorgt selbst für den „Nachschlag". Widder vergessen solche „Unwichtigkeiten" gerne. Machen Sie bloß nicht den Fehler, sich zu einem kochenden Widder-Gastgeber in die Küche zu verirren. Er wird dort laut schimpfen und fluchen – während sich seine verschüchterten Gäste vor der Tür alleine miteinander bekannt machen und statt klassischer Musik sein Küchengepolter hören.

Was schmeckt
dem Stier

Stiere gehören zu den größten Genießern im Tierkreis. Ihre Lieblingsgerichte haben eine feine, aber kräftige Note – das gilt für den Geschmack ebenso wie für den Geruch. Kräftige Saucen, in denen reichlich Gewürze und frische Kräuter aufgehen – ein Stier-Essen wird selten auf sie verzichten. Vor allem Salbei ist gut für den empfindlichen Hals der Stiere. Als Erdzeichen essen sie gerne regionale Hausmannskost, aber auch traditionelle Gerichte aus europäischen Nachbarländern. Der Stier braucht lange, um sich an neue Gemacksrichtungen zu gewöhnen, aber wenn er einmal ein Gericht ins Herz geschlossen hat, will er es immer wieder essen. Da Stiere gerne naschen, darf der Nachtisch nicht fehlen. Mehlspeisen, Schokolade oder ein gut gereifter Käse rundet das Stier-Lieblingsessen ab. Er schätzt ein einfaches „Helles" oder einen kräftigen Rotwein, auch mit einem Single Malt Whisky können Sie einen Stier begeistern – schon wegen des kräftigen, eigenwilligen Geruchs.

Stiere sind die ganz
großen Genießer im Tierkreis.
Es gibt kaum einen Vertreter
dieses sinnlichen, naturverbundenen
Sternzeichens, der keine Beziehung
zu guter Küche hätte.

Wie kocht
der Stier

Der sinnliche Stier kocht auch mit all seinen Sinnen: Er will sehen, fühlen, riechen, schmecken – am liebsten alles zu seiner Jahreszeit und ästhetisch anzusehen. Deshalb beginnt für einen Stier die gute Küche schon beim Einkaufen. Der Bummel über einen üppigen Marktplatz, vorbei an duftenden Kräutern, prall gefüllten Obst- und Gemüsekörben ist für den Stier Fest und Vorspeise zugleich. Dabei wird er den Gemüsehändler zum Wahnsinn treiben, weil er jede Tomate einzeln anfassen und daran riechen muss.

Stiere haben in der Küche oft das, was anderen Köchen fehlt: Gründlichkeit, Geduld und Ausdauer. Wenn der Stier kocht, wird es deshalb meist länger dauern. Genüsslich wird er das Böfflamott in Rotwein einlegen und die Milchkalbsbrust liebevoll füllen. Stier-Vorratskammern sind in der Regel reich gefüllt. Kaum ein kochender Stier wird auf seinen eigenen Kräutergarten verzichten. Stier-Küchen sind meist schon vom Anblick her appetitanregend. Da Stiere selber gern essen, wird schon beim Kochen kräftig gekostet und ein guter Wein geköpft, was sich bei manchen Stieren in späteren Jahren leider auf den Bauchansatz niederschlagen kann.

Stiere sind Gewohnheitstiere: Hat sich der Stier-Koch einmal ein bestimmtes Rezept in den Kopf gesetzt, müsste schon der Kochtopf explodieren, um ihn davon abzubringen. Wehe, irgendwer hat den Schneebesen in der Küche verräumt, dem Kochlöffel ein neues Zuhause verpasst oder die Einstellung an der Mikrowelle verändert. Das bringt den gutmütigsten Stier-Koch zum Kochen.

Wurst-Gemüse-Salat

Für 4 Personen
Dressing:

150 ml Gemüsebrühe
1–2 TL scharfer Senf
4 EL Weißweinessig
4 EL Öl
Salz · Pfeffer aus der Mühle
1 Prise Zucker

Salat:

2 Eier
1 Bund Lauchzwiebeln
80 g kleine Gewürzgurken
1 Bund Radieschen
100 g breite Bohnen
100 g Cocktailtomaten
8 Regensburger Würste
1 EL glatte Petersilie
(grob gehackt)
Salz · Pfeffer aus der Mühle,
Zucker und Essig zum
Abschmecken

Dressing:

▸ Gemüsebrühe mit Senf, Weißweinessig und Öl gut verrühren und das Dressing mit Salz, Pfeffer und Zucker würzig abschmecken.

Salat:

▸ Die Eier hart kochen, mit kaltem Wasser abschrecken und beiseite stellen.
▸ Die Lauchzwiebeln putzen, waschen und schräg in Scheiben schneiden. Die Gewürzgurken ebenfalls schräg in Scheiben schneiden. Radieschen gründlich waschen, putzen und in dünne Scheiben schneiden. Die Bohnen gut waschen und putzen. In Rauten schneiden, in Salzwasser bissfest garen, in Eiswasser abschrecken und auf einem Sieb gut abtropfen lassen. Die Cocktailtomaten waschen und halbieren. Die Regensburger Würste enthäuten und in dünne Scheiben schneiden.
▸ Die Gemüsestücke und die Wurstscheiben mit dem Dressing mischen. Die Petersilie hinzufügen und den Salat mit Salz, Pfeffer, Zucker und noch etwas Essig herzhaft abschmecken.
▸ Die gekochten Eier schälen und achteln. Den Wurst-Gemüse-Salat auf Tellern anrichten und mit den hart gekochten Eiern dekorieren.

Stiere essen gerne an der frischen Luft: Der Wurstsalat ist ideal „zum Mitnehmen" in den Biergarten!

Die Stier-Tafel sollte sich biegen unter Bergen von Köstlichkeiten, Kerzen tauchen das gute Geschirr und Silber in seidiges, warmes Licht. Wenn Sie den Tisch für Ihren Stier-Gast wie ein romantisch-barockes Stillleben gestalten, wird er ins Schwärmen geraten. Stiere sind sehr empfänglich für Tischdekorationen: Duftende Blumen sind sehr willkommen, üppig drapierte Obstschalen oder Kräuterbouquets werden sie aber ebenso genießen. Hüten Sie sich vor künstlichen Blumen, Plastiktischdecken oder Papierservietten: Stiere lieben es „echt". Dieses schwelgerische Sternzeichen ist sehr musikalisch und mit leisen, sinnlichen Melodien zu einer guten Mahlzeit bringen Sie jedes Stier-Herz zum Schmelzen. Achten Sie auch darauf, Ihren Stier in der Mitte der Tafel zu platzieren, denn er liebt die Gemeinschaft und möchte in ihr aufgehen!

Kartoffel-Spargel-Gröstl
mit Morcheln

Für 4 Personen

800 g kleine fest kochende Kartoffeln (z. B. Nicola)
Salz
1/2 TL Kümmel
3 Schalotten
300 g weißer Spargel
300 g grüner Spargel
150–200 g kleine Morcheln
200 g Cocktailtomaten
5–6 EL Öl
Pfeffer aus der Mühle
80 ml Gemüsebrühe
40 g Butter
2 Streifen unbehandelte Zitronenschale
1 Rosmarinzweig
2 EL glatte Petersilie (grob gehackt)

▶ Die Kartoffeln gründlich waschen, in Salzwasser mit etwas Kümmel weich kochen, abkühlen lassen, schälen und in Scheiben schneiden. Schalotten schälen, halbieren und in breite Streifen schneiden. Vom Spargel die holzigen Enden abschneiden, Spargel schälen, vom grünen Spargel nur das untere Drittel. Spargel schräg in dünne Scheiben schneiden. Morcheln putzen, mehrmals vorsichtig waschen, trockentupfen und je nach Größe halbieren. Die Tomaten waschen und halbieren.

▶ Kartoffelscheiben in einer großen Pfanne bei mittlerer Hitze in 3 bis 4 Esslöffeln Öl goldbraun braten. Schalotten dazugeben, durchschwenken, leicht salzen und pfeffern.

▶ In einer zweiten Pfanne die Spargelscheiben bei mittlerer Hitze in 2 Esslöffeln Öl 2 bis 3 Minuten anbraten, mit der Brühe aufgießen und den Spargel bissfest garen. Morcheln und die Hälfte der Butter dazugeben, 1 bis 2 Minuten mitbraten, bis die Morcheln heiß sind. Salzen und pfeffern.

▶ Spargel und Morcheln zu den Kartoffeln geben. Tomaten, Zitronenschale und Rosmarin hinzufügen, erwärmen, restliche Butter darin schmelzen lassen, mit Salz und Pfeffer abschmecken und mit Petersilie bestreuen. Zitronenschale und Rosmarin entfernen und das Gröstl sofort servieren.

Schuhbecks Tipp:
Zu dem Spargelgröstl passen gebratene Garnelen- oder Krebsschwänze, Geflügelbrust oder rosa gebratene Kalbsfiletscheiben.

Frühlingskräutersalat
mit gebratener Bachforelle

Für 4 Personen

Dressing:
1 Eigelb
1/2 TL scharfer Senf
1 EL Weißweinessig
3 EL Weißwein
1/2 TL Worcestershiresauce
1 geschälte Knoblauchzehe
Salz · 1 Prise Zucker
Cayennepfeffer
150 ml Öl
50 ml Gemüsebrühe
50 g Sahne

Salat:
4 Wachteleier · Salz
1 kleiner Kopfsalat
250 g Frühlingskräuter
(z. B. Sauerampfer, Löwenzahn, junge Spinatblätter,
Brunnenkresse, Schnittlauch,
Basilikum)
1 Brezenstange (vom Vortag)
2 EL Öl · 30 g Butter

Fisch:
300 g Bachforellenfilets
(mit Haut, ohne Gräten)
Salz · Pfeffer aus der Mühle
1–2 EL Öl · 2 EL Butter

Dressing:
▸ Eigelb, Senf, Essig, Weißwein, Worcestershiresauce und Knoblauch mit 1 Prise Salz, Zucker und Cayennepfeffer in einen Mixer geben. Den Mixer auf kleiner Drehzahl einschalten und das Öl in einem dünnen Strahl dazugießen, sodass eine glatte, gebundene Sauce entsteht. Zum Schluss Brühe und Sahne dazugeben und das Dressing nochmals aufmixen. Mit Salz und Cayennepfeffer abschmecken.

Salat:
▸ Wachteleier in siedendem Salzwasser in 4 Minuten hart kochen, abschrecken, vorsichtig schälen und halbieren.
▸ Salat und Frühlingskräuter putzen, waschen, trocken-schleudern und in mundgerechte Stücke zupfen.
▸ Brezenstange vom Salz befreien, in sehr dünne Scheiben schneiden und in einer Pfanne bei mittlerer Temperatur in Öl und Butter von beiden Seiten hellbraun anbraten. Aus der Pfanne nehmen, auf Küchenpapier abtropfen lassen und leicht salzen.

Fisch:
▸ Bachforellenfilets halbieren, salzen und pfeffern. In einer Pfanne bei milder Hitze in Öl und Butter auf der Hautseite 2 Minuten sanft braten. Die Filetstücke wenden, die Pfanne vom Herd nehmen und den Fisch darin noch etwa 1 Minute durchziehen lassen.

Anrichten:
▸ Die Salat- und Kräuterblätter mit reichlich Dressing mischen, auf 4 Teller verteilen und je 2 Fischstücke daneben legen, einige Brezenscheiben in jeden Salat stecken und mit den Wachteleiern garnieren. Sofort servieren.

Tischgespräch mit einem Stier

Ein Stier braucht lange, bis er Vertrauen zu fremden Menschen fasst, aber in einem gemütlichen Kreis Gleichgesinnter verwandelt er sich in einen humorvollen Entertainer! Er zeigt viel Verständnis für die Probleme der anderen Gäste und löst sie, praktisch wie er ist, vielleicht noch am gleichen Abend. Er unterhält sich gerne über Finanzen und Karriere. Auch Stars, Mode und gutes Essen interessieren diesen Genießer, genauso wie anspruchsvolle und persönliche Gespräche.

Gefüllte Kalbsbrust
mit Schmorgemüse

Für 4 Personen

Füllung:
150 g Kalbsbrät
2 EL Sahne
je 1/2 TL frisch gehackter Knoblauch und Ingwer
1 Msp fein gehackte unbehandelte Zitronenschale
je 50 g sehr kleine Karotten- und Lauchwürfel · Salz
120 g Weißbrot (vom Vortag)
100 ml Milch · 1 Ei
Pfeffer aus der Mühle
frisch geriebene Muskatnuss
1 kleine Zwiebel · 30 g Butter
1 EL glatte Petersilie (grob gehackt)

Kalbsbrust:
1,5 kg Milchkalbsbrust
Salz · Pfeffer aus der Mühle
1 TL Puderzucker
1/4 l Weißwein
1 TL Tomatenmark
1/4 l Geflügelbrühe
2 Zwiebeln · 1 Karotte
150 g Knollensellerie
1 Lorbeerblatt
1 halbierte Knoblauchzehe
1 kleiner Rosmarinzweig
20 g Butter

Füllung:

▶ Das Kalbsbrät mit der Sahne glatt rühren und Knoblauch, Ingwer und Zitronenschale untermischen. Die Gemüsewürfel in Salzwasser bissfest blanchieren, in Eiswasser abschrecken, auf einem Sieb abtropfen lassen, etwas ausdrücken und unter das Kalbsbrät rühren.

▶ Weißbrot in 1/2 bis 1 cm große Würfel schneiden. Die Milch aufkochen, vom Herd nehmen. Das Ei verquirlen, in die Milch hineinrühren und mit Salz, Pfeffer und Muskatnuss würzen. Über die Brotwürfel gießen und zugedeckt 5 bis 10 Minuten ziehen lassen. Die Zwiebel schälen, in kleine Würfel schneiden und in Butter bei milder Hitze glasig dünsten. Mit der Petersilie unter die Knödelmasse rühren und mit dem Kalbsbrät vermischen.

Kalbsbrust:

▶ In die Kalbsbrust eine Tasche schneiden, innen und außen salzen und pfeffern, mit der Brätmasse füllen und die offene Seite mit einem Schaschlikspieß verschließen.

▶ Den Backofen auf 140 ℃ vorheizen. Puderzucker in einem Bräter karamellisieren lassen, mit etwas Weißwein ablöschen, das Tomatenmark hinzufügen und das Ganze sirupartig reduzieren lassen. Nach und nach den restlichen Wein dazugießen und reduzieren lassen. Die Brühe dazugeben, die Kalbsbrust hineinlegen und im Ofen 3 bis 3 1/2 Stunden schmoren. Dabei häufig mit Schmorsud begießen. Gemüse schälen, in 1 bis 2 cm große Stücke schneiden und nach 2 Stunden Garzeit um das Fleisch verteilen. 15 Minuten vor Garzeitende Lorbeer, Knoblauch und Rosmarin hinzufügen.

▶ Die Sauce durch ein Sieb gießen, Gewürze aus dem Gemüse entfernen. Sauce mit Salz und Pfeffer abschmecken und die Butter darin schmelzen lassen. Kalbsbrust in Scheiben schneiden und mit etwas Schmorgemüse und Sauce auf Tellern anrichten.

Böfflamott
mit Bayerischkraut

Für 4 Personen
Böfflamott:
1/2 l kräftiger Rotwein
4 cl Cognac
1 EL Zucker
1 kg flache Rinderschulter
100 g Knollensellerie
150 g Zwiebel · 80 g Karotte
2 EL Öl · 1 EL Tomatenmark
1/2 l Geflügelbrühe
1/2 TL Pimentkörner
1/2 TL schwarze Pfefferkörner
1 Zacken Sternanis
1 cm Zimtrinde
3 Wacholderbeeren
1 Lorbeerblatt
1/2 geschälte Knoblauchzehe
1 Scheibe frischer Ingwer
1 Streifen unbehandelte Zitronenschale
40 g kalte Butter
Salz · 1 Prise Zucker
Cayennepfeffer

Bayerischkraut:
700 g junger Weißkohl
1 Zwiebel · 1 TL Puderzucker
100 ml Weißwein
150 ml Gemüsebrühe
frisch gemahlener Kümmel
Salz · Pfeffer aus der Mühle

Böfflamott:

▸ Rotwein, Cognac und Zucker einmal aufkochen und ab-kühlen lassen. Rinderschulter mit der Marinade bedeckten und zugedeckt 3 Tage an einem kühlen Ort beizen.

▸ Gemüse schälen und in grobe Würfel schneiden, Fleisch aus der Marinade nehmen und trockentupfen. Die Marinade aufkochen lassen und den dabei entstehenden Schaum mit einer Kelle abschöpfen. Die Beize vom Herd nehmen.

▸ Das Fleisch in einem Topf im Öl bei mittlerer Hitze rund-herum anbräunen und aus dem Topf nehmen. Das Bratfett abgießen, den Bratensatz mit etwa 100 ml Beize ablösen und das Tomatenmark hineinrühren. Die Flüssigkeit sirup-artig reduzieren lassen und den Vorgang mit der übrigen Beize noch zweimal wiederholen. Das Fleisch hineinlegen, das Gemüse hinzufügen und die Brühe dazugießen. Zuge-deckt etwa 3 Stunden sanft köcheln lassen, bis das Fleisch weich ist, dabei mehrmals wenden. 20 Minuten vor Garzeit-ende Piment- und Pfefferkörner, Sternanis, Zimtrinde, Wacholderbeeren, Lorbeer, Knoblauch, Ingwer und Zitronen-schale hineinlegen. Fleisch aus der Sauce nehmen und in Scheiben schneiden. Die Sauce durch ein Sieb gießen, eventuell etwas einköcheln lassen und die Butter hinein-rühren. Mit Salz, Zucker und Cayennepfeffer abschmecken.

Bayerischkraut:

▸ Weißkohl entstrunken, vierteln, in einzelne Blätter teilen und in 3 cm große Rauten schneiden. Zwiebel schälen, halbieren und in kleine Würfel schneiden. Puderzucker in einem breiten Topf bei mittlerer Hitze karamellisieren las-sen. Zwiebel und Weißkraut dazugeben und kurz anschwit-zen. Den Weißwein dazugießen, sirupartig reduzieren las-sen und mit der Brühe aufgießen. Das Weißkraut bei milder Hitze in 8 bis 10 Minuten weich dünsten. Mit Kümmel, Salz und Pfeffer würzen.

Apfelkücherl
in Holunderblütenteig

Für 6–8 Personen

Holunderblütenteig:

3–4 Holunderblütendolden

2 Eier

125 g Mehl

1/8 l Weißwein

1 Msp abgeriebene unbehandelte Zitronenschale

3 EL flüssige Butter

Salz

2 EL Zucker

Apfelkücherl:

Öl zum Frittieren

1/2 Zitrone

4 mittelgroße Äpfel

2 EL Zimtzucker

Holunderblütenteig:

▸ Von den Holunderblütendolden die feinen weißen Blüten abzupfen. Die Eier trennen.

▸ Mehl mit Weißwein und Eigelb glatt rühren. Die Zitronenschale und die Holunderblüten hinzufügen und die flüssige Butter hineinrühren.

▸ Das Eiweiß mit 1 Prise Salz zu cremigem Schnee schlagen, dabei den Zucker hineinrieseln lassen. Den Eischnee locker und gleichmäßig unter den Teig heben.

Apfelkücherl:

▸ Reichlich Öl zum Frittieren auf etwa 170 °C erhitzen. Zitrone auspressen. Äpfel schälen, mit einem Kernausstecher das Kerngehäuse entfernen und die Äpfel in 1 cm dicke Scheiben schneiden. Mit etwas Zitronensaft beträufeln.

▸ Die Apfelscheiben in den Teig tauchen und im Frittierfett goldgelb ausbacken, sodass der Teig kross und die Äpfel weich sind. Die Apfelkücherl auf Küchenpapier abtropfen lassen, mit Zimtzucker bestreuen und sofort servieren.

Schuhbecks Tipp:
Zum Reinigen der Holunderblüten sollten diese nur ausgeschüttelt und nicht gewaschen werden. So gehen den feinen Blüten keine Aromastoffe verloren.

Eher keine Gäste für Stiere

Am Herd bilden Stiere und Löwen eine Arbeitsgemeinschaft, die es weit bringen kann. Leider will der Stier bald nicht nur die Küche, sondern auch den Löwen besitzen.

Ein Stier-Menü mit einem Skorpion wird selten gesund enden. Erst kocht die Leidenschaft und dann wird meistens der Stier tranchiert.

Stiere bauen dem Wassermann eine wunderschöne Küche. Und wenn sie noch so edel ist – für den Wassermann wird sie immer nur langweilig bleiben.

Schokoladenmousse
mit Himbeeren

Für 6–8 Personen
Mousse:

250 g Bitterschokolade (mind.
60 % Schokoladenanteil)
1 Ei
2 Eigelb
10 g Zucker
2 cl Cognac
600 g Sahne

Himbeeren:

600 g frische Himbeeren
50 g Zucker
einige Tropfen Zitronensaft

Mousse:

▶ Schokolade fein hacken und im heißen Wasserbad schmelzen lassen. Anschließend Ei, Eigelb und Zucker im Wasserbad mit einem Schneebesen zu einer hellen, schaumigen Masse aufschlagen. Die Eigelbmasse aus dem Wasserbad nehmen und die Schokolade unterheben, den Cognac dazugeben und glatt rühren. Leicht abkühlen lassen.
▶ Die Sahne halbsteif schlagen und zuerst ein Drittel, dann den Rest vorsichtig unter die Schokoladenmasse heben. Die Mousse in Dessertschalen oder Gläser füllen und zugedeckt mindestens 2 Stunden in den Kühlschrank stellen.

Himbeeren:

▶ 300 g Himbeeren mit Zucker und einigen Tropfen Zitronensaft mit einem Stabmixer pürieren und durch ein Sieb streichen. Restliche Himbeeren kurz vor dem Servieren mit der Himbeersauce mischen.
▶ Die Schokoladenmousse mit je 1 Esslöffel Himbeeren garnieren und sofort servieren. Restliche Himbeeren separat dazu reichen.

Schuhbecks Tipp:
*Schön sieht es aus, wenn man
Nocken aus der Mousse absticht.
Dazu die Mousse etwa 4 cm hoch
in eine flache Schüssel füllen und
im Kühlschrank fest werden lassen.
Einen Esslöffel in heißes Wasser
tauchen und damit Nocken abstechen.*

Der Stier
als Gastgeber

Der Stier sorgt immer vor. Eine Stier-Wohnung ist deshalb ein echter Insidertipp für den kleinen Hunger zwischendurch. Stiere sind Hamsterkäufer und haben stets etwas Essbares zu Hause. Ihre Kühlschränke sprengen das Vorstellungsvermögen von Normalsterblichen. Ohne gut gefüllte Vorratskammer fühlen sie sich unsicher. In ihrem Keller befindet sich nicht selten ein Weinvorrat, auf den so manches Restaurant neidisch wäre. Auf Spontanbesuche sollten Sie trotzdem verzichten – Ihr Stier überlässt nur ungern etwas dem Zufall. Er liebt es, sich lange Einkaufs- und Gästelisten zu machen und sich tagelang zu überlegen, wie er Sie verwöhnen kann.

Wenn Sie bei einem Stier eingeladen sind – bringen Sie Hunger mit. Nach diesem Abend werden Sie nicht nach Hause laufen, sondern rollen. Stiere sind großzügige Gastgeber und Gemeinschaftstiere: Sie lieben es, an einer Tafel mit Freunden zusammenzusitzen und dabei das zu tun, was ihnen am liebsten ist: genießen. Wenn Sie Ihren Stier-Freund jahrelang nicht mehr gesehen haben – er kocht Ihnen Ihr Lieblingsgericht von damals. Er käme gar nicht erst auf die Idee, dass Sie in der Zwischenzeit Ihren Geschmack geändert haben könnten.

Ziehen Sie sich schick an. Stiere kleiden sich meist selbst gut und bewerten ihre Gäste auch nach ihrem Aussehen. Das gilt vor allem für Stier-Chefs, die mit Vorliebe Geschäftsessen veranstalten – die sie selbst nicht zahlen müssen! Vergessen Sie nicht, sich am nächsten Tag für die Einladung zu bedanken. Stiere lieben es, wenn das, was sie für andere tun, auch „honoriert" wird.

Was schmeckt
dem Zwilling

Zwillinge brauchen Abwechslung auf ihrem Speisezettel. Wenn Sie dieses Luftzeichen fragen, was ihm am besten schmeckt, bekommen Sie eine detaillierte Auflistung: „Gern Fisch oder Lamm, niemals Hasen, Rehe oder Pferde, ungern Schnecken." Zwillinge lieben leichte Küche, essen gerne vegetarisch, keine schweren Gerichte, die ihren Verstand außer Gefecht setzen. Salate, Gemüse, Fisch und Meeresfrüchte stehen auf ihrer Speisekarte ganz oben. Pasta gehört wegen der vielen Variationsmöglichkeiten zu ihren Lieblingsgerichten. Wichtig ist für Zwillinge nicht alleine der Geschmack, sondern vor allem die Funktion, Zusammensetzung und die unterschiedliche Zubereitungsweise der Speisen. Schon wegen seiner Neugier und Reiselust verirrt sich der Zwilling gerne in die internationale Küche: Ein mediterranes Menü schätzt er ebenso wie Gerichte mit interessanter Geschichte – als Getränk bevorzugt er einen leichten, trockenen Weisswein.

Der Zwilling ist das Zeichen der Vielseitigkeit – das gilt auch für die Zwilling-Küche. Dieses neugierige Sternzeichen probiert gern öfter mal was Neues.

Wie kocht
der Zwilling

Zwillinge gehören nicht gerade zu den Sternzeichen, die besonders viel ans Essen denken. Aperitifs für Überraschungsgäste, Chips und kleine Knabbereien, die sie beim Fernsehen oder Telefonieren zu sich nehmen können, sind deshalb oft die einzigen „Grundnahrungsmittel" in ihrem Haushalt. Für Zwillinge ist das Kochen nichts, was aus dem Bauch heraus stattfindet, sondern eher ein intellektueller Vorgang. Die meisten Zwillinge bevorzugen es, anderen beim Kochen zuzusehen. Interessiert halten sie dann ihre Nasen in die Töpfe und fragen dem Koch ein Loch in den Bauch.

Wenn Zwillinge kochen, dann leicht und schnell. Mit Formel-1-Geschwindigkeit etwas zu zaubern ist ihre Spezialität. Dabei kann es durchaus vorkommen, dass der Nachtisch niemals fertig wird, weil der Zwilling beim Kochen plötzlich die Lust verloren hat oder ihm etwas anderes eingefallen ist. Manchmal ändert er auch beim Kochen spontan seine Entscheidungen: Wenn er Spaghetti mit Tomatensauce angekündigt hat, kann es vorkommen, dass er sie „al pesto" serviert. Der Zwillings-Koch verfügt über viel Flexibilität und Kreativität: Selbst wenn ihm eine wichtige Zutat fehlen sollte, lässt er sich schnell eine Lösung einfallen.

Zwillings-Küchen sind je nach Kochleidenschaft entweder gar nicht oder wie ein Hightech-Labor ausgestattet. Dieses Sternzeichen liebt technische Geräte mit möglichst vielen, unterschiedlichen Funktionen: Die Küchenmaschine könnte deshalb von und für Zwillinge erfunden worden sein.

Melonenaperitif
mit Olivencrostini

Für jeweils 8 Personen

Melonenaperitif:

1 kleine, reife Cantaloup-
melone

6–8 cl Anislikör

1 TL Zucker

2 EL fein geschnittene
Minzeblätter

1 Flasche Prosecco

Olivencrostini:

200 g schwarze Oliven
(entsteint)

1 TL fein gehackter Knoblauch

4 Sardellenfilets (in Öl)

1 EL Kapern (eingelegt)

$1/4$ TL frische Thymian-
blättchen

70 ml Olivenöl

einige Tropfen Zitronensaft

Pfeffer aus der Mühle

1 Baguette (250 g)

Melonenaperitif:

▶ Die Melone vierteln, das Fruchtfleisch aus der Schale lösen und in kleine Würfel schneiden. Melonenfleisch zusammen mit dem Anislikör und dem Zucker fein pürieren. Die Minze unter das Melonenpüree mischen und das Püree nach Belieben noch mit Zucker und Anislikör abschmecken.

▶ Sekt oder Champagnergläser zu einem Drittel mit Melonenpüree füllen und mit eiskaltem Prosecco aufgießen. Sofort servieren.

Olivencrostini:

▶ Den Backofen auf 180 °C vorheizen.

▶ Oliven, Knoblauch, Sardellenfilets, Kapern und Thymianblättchen mit einem Stabmixer nicht zu fein pürieren. Nach und nach das Olivenöl in einem feinen Strahl dazugießen und weitermixen, bis eine feine Paste entstanden ist. Mit Zitronensaft und Pfeffer würzen.

▶ Baguette schräg in etwa 3 cm dicke Scheiben schneiden und im vorgeheizten Backofen knusprig backen. Baguettescheiben aus dem Ofen nehmen, kurz auskühlen lassen und gleichmäßig mit der Olivencreme bestreichen. Die Olivencrostini noch warm servieren.

*Zwillinge sind kontakt-, aber nicht koch-
freudig: Einfache und schnelle Rezepte
sind deshalb ideal für ihre Spontanfeste
und Überraschungsgäste!*

Weißer Mandelgazpacho
mit Trauben

Für 4 Personen

220 g ungeschälte Mandeln

3 Knoblauchzehen

120 g Weißbrot

6 EL Olivenöl

800 ml eiskaltes stilles
Mineralwasser

100 g Sahne

Salz · Cayennepfeffer

30 g Zucker

2–3 cl Mandellikör (Amaretto)

50 ml Sherryessig

16 weiße, kernlose Trauben

▸ Die Mandeln 1 bis 2 Minuten in kochendes Wasser geben,
auf einem Sieb abgießen, mit kaltem Wasser abschrecken
und aus den Schalen drücken. Die Knoblauchzehen schälen, das Weißbrot entrinden und klein schneiden.

▸ Mandeln, Knoblauch, Weißbrot und Olivenöl mit der Hälfte des Wassers in einem Mixer fein pürieren. Die Sahne hineinrühren, nach und nach das übrige Wasser hinzufügen,
bis die gewünschte Konsistenz erreicht ist. Salz, Cayennepfeffer, Zucker, Mandellikör und Sherryessig dazugeben
und je nach Geschmack noch nachwürzen. Die Suppe in
den Kühlschrank stellen, bis sie schön kalt ist. Anschließend noch einmal abschmecken.

▸ Die Mandelblättchen in einer Pfanne ohne Fettzugabe
hell rösten. Trauben waschen, trockentupfen und halbieren.

▸ Die Suppe in gekühlte Tassen füllen, mit je 8 Traubenhälf-
ten garnieren und mit den Mandelblättchen bestreuen.

Schuhbecks Tipp:
*Als Einlage können statt der
weißen Trauben auch grüne Oliven
in Scheiben geschnitten und
zum Gazpacho gegeben werden.*

Gebratener Spargelsalat
mit Thunfischtatar

Für 4 Personen
Spargelsalat:
400 g grüner Spargel
400 g weißer Spargel
1 TL Puderzucker
150 ml Gemüsebrühe
1 Streifen unbehandelte
Zitronenschale
2 EL Zitronensaft
2 EL Öl
1 TL Nussöl
1 TL grob gehackte
Estragonblätter
Salz
Pfeffer aus der Mühle

Thunfischtatar:
400 g roter Thunfisch
(Sushi-Qualität)
2–3 EL mildes Olivenöl
Salz
Pfeffer aus der Mühle
Saft von 1/2 Zitrone
1 TL Kapern (eingelegt)
1 Schalotte

Spargelsalat:
▸ Vom Spargel die holzigen Enden entfernen, weißen Spargel schälen, grünen nur im unteren Drittel schälen. Spargel der Länge nach halbieren und schräg in etwa 3 cm lange Stücke schneiden.
▸ In einer Pfanne den Puderzucker schmelzen lassen, die Spargelstücke hineinrühren und darin anschwitzen. Die Brühe dazugießen, die Zitronenschale hinzufügen und den Spargel bei milder Hitze etwa 5 Minuten garen. Die Pfanne vom Herd nehmen, Zitronensaft, Öl, Nussöl und Estragon hineingeben. Mit Salz und Pfeffer abschmecken. Die Zitronenschale wieder entfernen.

Thunfischtatar:
▸ Den Thunfisch mit einem scharfen Messer zuerst in dünne Scheiben, dann in möglichst kleine Würfel schneiden. Mit Olivenöl vermischen, salzen und pfeffern und zuletzt den Zitronensaft hinzufügen. Die Kapern nicht zu fein hacken, die Schalotte schälen, in kleine Würfel schneiden und beides unter das Tatar mischen. Kurz vor dem Servieren noch einmal abschmecken.

Anrichten:
▸ Einen runden Plätzchenausstecher von etwa 7 cm Durchmesser auf einen kalten, flachen Teller setzen, ein Viertel des Tatars hineinfüllen und glatt streichen. Den Ring vorsichtig abziehen und das übrige Tatar auf die gleiche Weise anrichten. Den Spargelsalat um das Tatar verteilen.

Tischgespräch mit einem Zwilling

Ein Zwilling redet wie ein Wasserfall. Setzen Sie Ihren Freund zwischen zwei Gäste, die sich nichts zu sagen haben – er spricht genug für beide. Der intellektuelle Zwilling hat immer etwas Geistreiches, Witziges zu erzählen, stellt neugierige Fragen, interessiert sich für alles und jeden. Dieses Kommunikationsgenie hat stets einen Kommentar oder ein Wortspiel auf Lager. Seine Lieblingsthemen sind so vielfältig wie er selbst: Technik, Medien und Bücher interessieren ihn genauso wie Architektur, Reisen und fremde Kulturen.

Linguine
mit gebratenen Garnelen

Für 4 Personen

Nudeln:
350–400 g Linguine
Meersalz
1 EL Olivenöl

Garnelen:
16 Riesengarnelen
Salz · Pfeffer aus der Mühle
1 ungeschälte Knoblauchzehe
1 Rosmarinzweig
1–2 EL Olivenöl

Anrichten:
1/2 mittelscharfe Chilischote
(ersatzweise Cayennepfeffer)
100 ml Geflügelbrühe
2 Scheiben Knoblauch
30 g Butter
weißes Trüffelöl
Salz · Pfeffer aus der Mühle
2 EL glatte Petersilie
(grob gehackt)

Nudeln:
▶ Linguine in reichlich siedendem Salzwasser bissfest kochen, dabei gelegentlich umrühren. Die Nudeln in ein Sieb gießen, gut abtropfen lassen, auf einem sauberen Blech ausbreiten, kurz ausdampfen lassen und mit dem Olivenöl vermengen.

Garnelen:
▶ Die Garnelen schälen, den Darm entfernen, Garnelen kurz abspülen, trockentupfen, salzen und pfeffern und in einer Pfanne bei milder Hitze zusammen mit Knoblauch und Rosmarin im Öl etwa 2 Minuten von beiden Seiten anbraten. Die Pfanne vom Herd nehmen und die Garnelen darin noch einige Minuten glasig durchziehen lassen.

Anrichten:
▶ Die Chilischote der Länge nach halbieren und entkernen. In einem breiten Topf die Brühe erhitzen, die Chilischote (oder etwas Cayennepfeffer) und die Knoblauchscheiben dazugeben. Nudeln in der Brühe erhitzen, Butter darin schmelzen lassen und ein paar Tropfen Trüffelöl hinzufügen. Zum Schluss Chili und Knoblauch wieder entfernen. Die Nudeln mit Salz und Pfeffer abschmecken, mit Petersilie bestreuen und in 4 vorgewärmte Teller verteilen. Mit den Garnelen garnieren und sofort servieren.

Schuhbecks Tipp:
Wer möchte, kann noch ein paar abgezogene Tomatenstreifen oder angebratene Zucchinischeiben mit unter die erwärmten Nudeln mischen.

Gratiniertes Ofengemüse
mit Knoblauch-Parmesan-Kruste

**Eher keine Gäste
für Zwillinge**

*Jungfrauen und Zwillinge
gehen sich schnell auf die
Nerven. Jungfrauen finden
Zwillinge oberflächlich, Zwillinge wissen nichts mit Jungfrauen anzufangen.*

*Um den flatterhaften Zwil-
ling zu ertragen, benötigt
der Steinbock seine ganze
Geduld. Der Zwilling verwirk-
licht sich selbst, der Steinbock leistet die Arbeit. Keine
gute Gemeinschaftsküche.*

*Das geheimnisvolle Schwei-
gen der Fische macht den
wortgewandten Zwilling ver-
rückt. Einladung zum Miss-
verständnis.*

Für 4 Personen

400 g Kartoffeln

300 g Tomaten

2 Zucchini

2 kleine rote Zwiebeln

1/2 mittelgroße Aubergine

4–5 EL Olivenöl

Salz · Pfeffer aus der Mühle

1 Prise getrockneter Majoran

50 g frische Weißbrotbrösel

1 fein gehackte Knoblauchzehe

50 g frisch geriebener
Parmesan

1 EL glatte Petersilie
(grob gehackt)

▸ Den Backofen auf 180 °C vorheizen.

▸ Kartoffeln schälen. Tomaten und Zucchini waschen und
den Stielansatz entfernen. Die Zwiebeln schälen. Aubergi-
nenhälfte vom Stielansatz befreien und der Länge nach
halbieren. Das gesamte Gemüse in etwa 3 mm dicke Scheiben schneiden.

▸ Eine große, tiefe Auflaufform (20 x 30 cm) mit ewas Olivenöl einfetten und das Gemüse darin schuppenartig und
dicht einschichten. Mit reichlich Salz, Pfeffer sowie etwas
getrocknetem Majoran würzen und mit dem restlichen
Olivenöl beträufeln.

▸ Im vorgeheizten Ofen 1 Stunde zugedeckt schmoren.
Das Gemüse aus dem Ofen nehmen und die Grillfunktion
des Ofens einschalten. Weißbrotbrösel mit Knoblauch, Par-
mesan und Petersilie vermischen, gleichmäßig auf das
Gemüse streuen und auf der mittleren Einschubleiste im
Ofen in etwa 10 Minuten hellbraun gratinieren.

Schuhbecks Tipp:
*Die Garzeit richtet sich bei diesem Ge-
richt danach, wann die Kartoffeln weich
sind. Lässt man sie weg, verkürzt sich
die Garzeit auf etwa 40 Minuten. Dem-
entsprechend werden dann die Brösel
schon nach 30 Minuten über das Gericht
gestreut.*

Gebackener Obst-Pfannkuchen
mit Mandelblättchen

Für 4–6 Personen

20 g gemahlene Mandeln

30 g Mehl

2 Eier · 1 Eigelb

Salz · 50 g Zucker

Mark von 1/2 Vanilleschote

1 Msp abgeriebene unbehandelte Zitronenschale

125 g Sahne

1 EL flüssige braune Butter

Butter für die Förmchen

20 g Mandelblättchen

400 g gemischtes Obst
(z. B. Kirschen, Pfirsiche,
Aprikosen oder Nektarinen)

Puderzucker zum Bestäuben

▸ Mandeln, Mehl, Eier, Eigelb, 1 Prise Salz, Zucker, Vanillemark, Zitronenschale und Sahne in einem Mixer zu einem
glatten, zähflüssigen Teig mixen. Den Teig mindestens
1 Stunde zugedeckt im Kühlschrank ruhen lassen. Kurz vor
der Weiterverwendung die braune Butter dazugeben.

▸ Den Backofen auf 190 °C vorheizen. 4 bis 6 flache, runde
Förmchen oder eine flache Auflaufform einfetten.

▸ Mandelblättchen auf einem Blech im Ofen 4 bis 5 Minuten hellbraun rösten.

▸ Obst waschen und entsteinen. Kirschen halbieren, Pfirsiche, Aprikosen oder Nektarinen halbieren und in dünne
Spalten schneiden. Das Obst und die Mandeln auf die Förmchen verteilen und gleichmäßig den Teig darüber gießen.

▸ Den Pfannkuchen im vorgeheizten Ofen 20 bis 25 Minuten backen, bis er goldbraun und gar ist. Bei Verwendung
einer Auflaufform eine etwas längere Garzeit einrechnen.
Den fertigen Pfannkuchen aus dem Ofen nehmen, leicht
abkühlen lassen, mit Puderzucker bestäuben und lauwarm
mit etwas geschlagener Sahne oder Vanilleeis servieren.

Schuhbecks Tipp:
*Einen Teil des Kernobstes kann man
auch durch Blaubeeren oder Himbeeren
ersetzen. Wer ein leichteres Dessert
möchte, kann statt der Sahne auch
Vollmilch verwenden.*

Lieblingsgäste der Zwillinge

*Wassermänner verstehen
Zwillinge sehr gut. Während
der Wassermann gerne völlig
„abhebt", hält sich der Zwilling an Tatsachen. Eine intellektuelle Kochgemeinschaft.*

*Widder und Zwilling: Das
wird ein Liebesmenü auf
den ersten Blick.*

*Dauerhafte Gastfreundschaft
bietet Zwillingen auf jeden
Fall der Löwe. Was sie verbindet, ist ihre gemeinsame
Angst vor festen Bindungen.*

*Waagen sind Zwillingen des-
halb so lieb, weil sie einander
so ähnlich sind. Für Küchen-
probleme fühlt sich keiner
von beiden zuständig.*

41

Erdbeer-Rhabarber-Ragout
in der Hippentulpe

Für 4 Personen

Hippentulpe:

120 g Zucker
2 Eiweiß (75 g)
60 g Mehl
1 Msp Vanillemark
60 g flüssige Butter
50 g Mandelblättchen

Ragout:

500 g Rhabarber
150 g Zucker
1 EL Puderzucker
1/8 l Weißwein
1/8 l Orangensaft
1 Streifen unbehandelte Orangenschale
3 cm Zimtrinde
2 Scheiben frischer Ingwer
1/2 aufgeschlitzte Vanilleschote
500 g Erdbeeren
1 TL Speisestärke
1 EL Orangenlikör (z. B. Grand Marnier)
1–2 TL Zitronensaft
etwas Puderzucker

Hippentulpe:

▸ Zucker, Eiweiß, Mehl, Vanillemark und die flüssige Butter zu einer glatten Masse verrühren, zuletzt die Mandelblättchen unterrühren. Den Teig etwa 30 Minuten ruhen lassen.
▸ Ofen auf 160 bis 170 °C vorheizen. Das Backblech mit Backpapier auslegen. Von der Masse Kreise von etwa 8 cm Durchmesser mit etwas Abstand zueinander dünn darauf streichen. Im Ofen in etwa 10 Minuten hellbraun backen. Ausreichend gebräunte Hippen dabei mit einer breiten Palette früher aus dem Ofen nehmen. Die Kreise noch heiß zu Kelchen formen oder einfach in Tassen drücken.

Ragout:

▸ Den Backofen auf 170 °C vorheizen.
▸ Die Rhabarberstangen putzen und waschen. Schräg in 1 cm breite Stücke schneiden. In einer Auflaufform verteilen und mit 120 g Zucker bestreuen. Puderzucker in einer Pfanne karamellisieren lassen und mit Weißwein und Orangensaft ablöschen. Orangenschale, Zimtrinde, Ingwer und Vanilleschote hinzufügen und das Ganze über dem Rhabarber verteilen. Rhabarber im Ofen in 10 bis 15 Minuten bissfest dünsten und etwas auskühlen lassen.
▸ Erdbeeren putzen, waschen, vierteln und mit dem restlichen Zucker bestreuen. Kurz ziehen lassen. Den Rhabarber aus dem Saft nehmen und mit den Erdbeeren vermischen. Den Rhabarbersud durch ein Sieb gießen. Vom Sud 150 ml abnehmen und aufkochen lassen. Die Speisestärke mit etwas kaltem Wasser glatt rühren, in die kochende Flüssigkeit rühren, etwa 2 Minuten leise köcheln lassen. Unter häufigem Rühren abkühlen lassen, dann Rhabarber und Erdbeeren untermischen. Das Ragout mit Orangenlikör, Zitronensaft und Puderzucker abschmecken, in die Hippen füllen und servieren.

Der Zwilling
als Gastgeber

Zwillinge sind gute Gastgeber, organisieren gerne und je mehr Gäste kommen, desto besser werden sie kochen. Bringen Sie ruhig unangemeldete Freunde mit – Ihr Gastgeber wird begeistert sein und sich am Ende mehr mit Ihrer Begleitung beschäftigt haben als mit Ihnen. Zwillinge sind unkompliziert, wenn nur ihre Entscheidungsschwäche nicht wäre! Hat Sie Ihr Zwilling am Morgen noch zum Essen eingeladen, schlägt er am Nachmittag einen Kinobesuch vor. Am Abend will er dann vielleicht lieber doch ins Restaurant gehen.

Es wäre durchaus sinnvoll, sich ein wenig zu stärken, bevor Sie Ihren Zwilling besuchen, denn es steht nicht immer fest, wann es etwas zu essen geben wird. Am Ende beschließt er vielleicht, Ihnen seine Dias vom letzten Thailandurlaub vorzuführen. Zwillinge dokumentieren gerne alles, was um sie herum geschieht, und ihr Foto- und Geschichtenrepertoir ist meist grenzenlos. Falls Sie also eher weniger Interesse an einem abendfüllenden Zwillingsreferat über die religiösen Riten auf Bali oder die Totentänze der Nuba haben – bauen Sie vor.

Ihr Zwillings-Gastgeber hat sich bestimmt nicht lange damit aufgehalten, vorzukochen, schon eher damit, seine Wohnung zu dekorieren. Möbelrücken mit Gästen ist eine Lieblingsbeschäftigung der Zwillinge. Diesem Sternzeichen geht es eben auch beim Essen immer mehr um die „geistige" Nahrungsaufnahme. Sie müssen sich daher auch hinterher nicht für ein tolles Menü bedanken, sondern für einen unterhaltsamen Abend.

Was schmeckt
dem Krebs

Die Lieblingsküche des Krebses ist vielfältig, mit einem Hang zum Konservativen. Gerichte, die ihn an seine Kindheit erinnern, und gute Hausmannskost wird dieses Sternzeichen besonders lieben. Krebse gehören zu den Wasserzeichen, nicht zuletzt deshalb schätzen sie Flüssignahrung. Sie sind gute Weinkenner und mögen in der Regel auch Alkohol im Essen. Vor allem männliche Krebse trinken gerne etwas Hochprozentiges – falls es ihr empfindlicher Magen zulässt. Überhaupt machen Sie Krebsen mit magenfreundlichen Speisen die größte Freude. Sie mögen es nicht scharf: Ein klassischer Braten, Knödel oder Pilze, heimische Fische, Eintöpfe und Suppen gehören zu den Lieblingsgerichten der Krebse. Der Suppenkaspar, der seinen Teller nicht löffeln wollte, war sicherlich kein Krebs. Diese Leckermäuler lieben etwas Süßes hinterher: Mit Strudel, Kaiserschmarrn, Sahnedesserts und Früchtecremes locken Sie jeden Krebs hinterm Ofen vor.

Mit dem Krebs kommen
Seele und Gefühl in die Küche.
Dieses Sternzeichen liebt
gutes Essen und steht meist
selbst gerne am Herd.

Wie kocht
der Krebs

Wer mit einem Krebs befreundet ist, weiß, dass ihn dort stets eine fantasievolle, abwechslungsreiche Küche erwartet. Krebse besäßen zwar durchaus die Gabe, den Vorderen Orient in einen niederbayerischen Kochtopf zu zaubern, trotzdem dürfen Sie bei diesem Sternzeichen deshalb nicht besonders neue, exotische Gerichte erwarten. Herr und Frau Krebs haben lebenslange Lieblingsgerichte, die sie nie vergessen. Außerdem müssen sie sich seelisch wohl fühlen und die nötige Ruhe haben, um ihre Küchenkünste voll zu entfalten. Aus Sicherheitsgründen servieren sie gerne die gleichen Gerichte, die sie schon einmal gekocht haben – immer mit einer leicht veränderten Geschmacksnote. Krebse kochen eben mehr mit Gefühl als mit Verstand.

Die Intuition führt ihren Kochlöffel. Deshalb sollte niemand von einem Krebs erwarten, dass er beim Kochen präzise nach Rezept vorgeht. Grammangaben verwandelt der Krebs in eine Prise nach Lust und Laune. Da ihn sein Gespür für die richtige Menge nur selten verlässt, gelingen die meisten Gerichte trotz einer gewissen Ungenauigkeit auch ausgezeichnet – es sei denn, seine Kochkunst wird von stärkeren Gefühlen überlagert. Der verliebte Koch, der die Suppe versalzen hat, war sicherlich ein Krebs.

Mit Haushalts- und Küchengeräten steht der Krebs oft auf Kriegsfuß. Aus Furcht vor der komplizierten neuen Püriermaschine wird er dem unpraktischen, aber altbewährten Kartoffelstampfer seiner Großmutter den Vorzug geben. In Krebs-Küchen kommen deshalb nicht selten noch antiquarische Raritäten der Kochgeschichte zum Einsatz.

Aprikosenchutney

Für ca. 700 g Chutney

600 g Aprikosen
1 kleine weiße Zwiebel
1 unbehandelte Orange
1 EL Puderzucker
60 ml Weißweinessig
50 ml Weißwein
1 Prise Salz
$1/2$ aufgeschlitzte Vanilleschote
2 Zacken Sternanis
2 cm Zimtrinde
70 g Zucker · $1/2$ TL Pektin
70 g Rosinen
1 Scheibe frischer Ingwer
1 EL Honig

▸ Die Aprikosen waschen, halbieren, entsteinen und in kleine Würfel schneiden. Die Zwiebel schälen und in kleine Würfel schneiden.

▸ Die Hälfte der Orange möglichst dünn, ohne die weiße Haut, abschälen und die Schale klein schneiden. Den Saft der ganzen Frucht auspressen.

▸ In einem Topf den Puderzucker karamellisieren lassen. Essig, Weißwein, Orangensaft und -schale, Salz, Vanille-schote, Sternanis und Zimtrinde dazugeben und das Ganze erwärmen. Zucker und Pektin vermischen und in die Flüs-sigkeit rühren. Aprikosen- und Zwiebelwürfel sowie Rosinen hinzufügen und das Chutney bei milder Hitze 10 bis 15 Mi-nuten sanft köcheln lassen.

▸ Den Ingwer schälen, fein hacken und mit dem Honig in das Chutney rühren. Noch einmal kurz aufkochen lassen, Zimtrinde, Sternanis und Vanilleschote wieder entfernen und das Chutney in Gläser füllen. Es passt gut zu Schwei-nelende, verschiedenen Braten und zu Käse.

Krebse können ohne Vorräte nicht leben – mit diesem Chutney kochen sie für magere Tage vor!

Gebratener Saibling
auf Zwiebelkraut

*Tischgespräch mit
einem Krebs*

*Sie wollen einen schwierigen
Gast in Ihre Abendgesell-
schaft integrieren? Setzen
Sie ihn neben einen Krebs.
Dieses Sternzeichen weiß
intuitiv, ob es jemandem gut
oder schlecht geht, ob Streit
im Anmarsch ist oder eine
Versöhnung möglich. Der
Krebs wird nicht Ruhe ge-
ben, bis sich alle um ihn
herum lieb haben. Sie fühlen
sich perfekt in jede Situation
ein und werden mit einem
warmherzigen Wort selbst
arktische Eisberge zum
Schmelzen bringen. Diese
Stärke macht ihn als Gastgeber und Gast gleichermaßen
beliebt. Darüber hinaus sind
Krebse meist sehr belesen
und haben durch ihre Bildung
vielseitige Interessen, was
sie zu unterhaltsamen Tisch-
nachbarn macht. Am liebsten
sitzen sie neben Menschen,
die nicht nur ihr gefühlvolles
Seelenleben ansprechen,
sondern auch beruflich für
sie interessant sein könnten.*

Für 4 Personen
Zwiebelkraut:
4 mittelgroße weiße Zwiebeln
1 TL Puderzucker
50 ml Weißwein
$1/2$ l Gemüsebrühe
1 Lorbeerblatt
2 angedrückte Wacholder-
beeren
1 Streifen unbehandelte
Zitronenschale
1 Scheibe frischer Ingwer
$1/2$ Knoblauchzehe
Salz
1 Prise Zucker
Cayennepfeffer
30 g kalte Butter

Saibling:
6 Saiblingsfilets (mit Haut,
ohne Gräten; ca. 600 g)
Salz · Pfeffer aus der Mühle
100 g doppelgriffiges Mehl
2 EL Öl
etwas Zitronensaft

Zwiebelkraut:
▶ Zwiebeln schälen, halbieren und in Streifen schneiden. In
einer Pfanne den Puderzucker karamellisieren lassen und
die Zwiebeln darin kurz anschwitzen. Den Weißwein dazugießen, reduzieren lassen und die Gemüsebrühe hinzufügen. Lorbeerblatt, Wacholderbeeren, Zitronenschale, Ingwer
und Knoblauch hineingeben und 15 bis 20 Minuten mehr
ziehen als köcheln lassen, bis die Zwiebeln weich sind.
▶ Die Zwiebeln in ein Sieb gießen, die Gewürze dabei entfernen. Den Sud mit Salz, Zucker und Cayennepfeffer herzhaft
abschmecken, die Butter in kleinen Stückchen hinzufügen
und den Sud nochmals durchmixen. Die Zwiebeln in den
Sud zurückgeben.

Saibling:
▶ Die Saiblingsfilets halbieren, mit Salz und Pfeffer würzen
und mit der Hautseite in Mehl wenden.
▶ In einer Pfanne bei mittlerer Hitze im Öl auf der Hautseite
knapp 2 Minuten anbraten. Die Pfanne vom Herd nehmen,
die Fische wenden und darin noch 1 Minute glasig durchziehen lassen.
▶ Fischfilets auf Küchenpapier abtropfen lassen und mit
Zitronensaft beträufeln.

Anrichten:
▶ Das Zwiebelkraut auf warme Teller verteilen und die Saiblingsfilets darauf setzen.

Rosa gebratene Kalbslende
mit Thunfischsauce

Für 4–6 Personen

Kalbslende:

800 g Kalbfleisch
(aus der Lende)
Salz
Pfeffer aus der Mühle
2 EL Öl

Thunfischsauce:

2 Eigelb
2 EL Kapern (eingelegt)
2 Sardellenfilets (in Öl)
150 g Thunfisch (in Öl
eingelegt, abgetropft)
Saft von 1/2 Zitrone
1/8 l Olivenöl
Pfeffer aus der Mühle

Anrichten:

einige Salatblätter
Salatdressing nach Wahl
1–2 El Kapern (eingelegt)
Olivenöl zum Beträufeln
Pfeffer aus der Mühle

Kalbslende:

▸ Den Backofen auf 130 ℃ vorheizen.

▸ Kalbslende salzen und pfeffern und in einer Pfanne bei mittlerer Hitze im Öl rundherum hell anbraten. Aus der Pfanne nehmen, auf ein Ofengitter mit untergelegtem Abtropfblech legen und auf der mittleren Einschubleiste im Ofen in etwa 45 Minuten rosa garen. Aus dem Ofen nehmen und auf dem Ofengitter abkühlen lassen.

Thunfischsauce:

▸ Eigelb, Kapern, Sardellenfilets, Thunfisch und Zitronensaft in einen Mixer geben, kurz durchmixen und das Olivenöl in einem dünnen Strahl bei laufendem Mixer dazugießen, bis eine glatte Creme entstanden ist. Falls die Creme zu fest ist, noch 1 bis 2 Esslöffel Gemüsebrühe dazugeben. Mit Pfeffer und Zitronensaft abschmecken.

Anrichten:

▸ Auf 4 kalte Teller dünn und gleichmäßig Thunfischsauce streichen. Salat mit etwas Dressing mischen und je 1 kleinen Strauß Salat in die Mitte des Tellers setzen. Kalbslende mit einem scharfen Messer in dünne Scheiben schneiden und leicht überlappend, kreisförmig um die Salatblätter anrichten. Mit Kapern bestreuen, etwas Olivenöl darüber träufeln und mit Pfeffer würzen. Sofort servieren und eventuell übrige Thunfischsauce separat dazu reichen.

Schuhbecks Tipp:
Der Kalbsbraten lässt sich leichter schneiden, wenn das Fleisch vollständig ausgekühlt ist. Für ganz dünne Scheiben schneidet man den Braten am besten mit einer Aufschnittmaschine.

Rund um den Krebs-Tisch

„My home is my castle" ist das Krebs-Motto. Sie werden überrascht sein von der Atmosphäre, die ein Krebs in seine vier Wände zaubern kann. Krebse schätzen warmes, gedämpftes Licht, Räume, in denen sie sich geborgen fühlen. An der Krebs-Tafel dürfen deshalb mehr Kerzen brennen als an einem Weihnachtsbaum. Sein Lieblingstisch wird immer gemütlich, romantisch und stilvoll zugleich aussehen. Er liebt unaufdringliche, elegante und leicht verspielte Dekorationen. Antikes Porzellan mit Blümchenmuster und das alte Familiensilber wird er kühl-gestylten Designertellern vorziehen. Krebse lieben Antikes, Stilmöbel, gutes altes Geschirr oder Tischdekorationen, die eine Geschichte haben – am besten eine Familiengeschichte.

Gemüseeintopf
mit Pfifferlingen und Mandelpesto

Für 4 Personen

Eintopf:

2 Zwiebeln

2 Karotten

1 Stange Staudensellerie

1/2 kleiner Fenchel

1 Stange Lauch

1 kleiner Zucchino

2 Tomaten

2 EL Olivenöl

3/4 l Geflügelbrühe

1/2 Knoblauchzehe

1 Streifen unbehandelte Zitronenschale

Salz

Cayennepfeffer

Pesto:

50 g geschälte Mandeln

2 Bund Basilikum

1 EL geriebener Parmesan

1/2 TL Zitronensaft

ca. 150 ml Olivenöl

Salz

Pfeffer aus der Mühle

Pfifferlinge:

250 g kleine Pfifferlinge

1–2 EL Öl

Eintopf:

▸ Zwiebeln und Karotten schälen, die Zwiebeln in Würfel schneiden, die Karotten schräg in dünne Scheiben schneiden. Sellerie, Fenchel und Lauch waschen und putzen. Sellerie schräg in dünne Scheiben schneiden, Fenchel nochmals halbieren und quer in dünne Scheiben schneiden. Lauch halbieren und quer in 1/2 cm breite Streifen schneiden. Vom Zucchino den Stielansatz entfernen, Zucchino waschen, der Länge nach halbieren und in dünne Scheiben schneiden. Die Tomaten überbrühen, häuten, vierteln, entkernen und in kleine Würfel schneiden.

▸ In einem Topf bei mittlerer Hitze im Öl die Zwiebeln glasig dünsten. Karotten, Sellerie und Fenchel dazugeben, kurz mitdünsten und mit der Geflügelbrühe aufgießen. Etwa 10 Minuten knapp unter dem Siedepunkt mehr ziehen als köcheln lassen. Lauch und Zucchino mit Knoblauch und Zitronenschale hinzufügen, weitere 3 Minuten darin ziehen lassen, die Tomatenwürfel hineingeben. Knoblauch und Zitronenschale wieder herausnehmen. Den Eintopf mit Salz und Cayennepfeffer abschmecken.

Pesto:

▸ Die Mandelkerne in einer Pfanne ohne Fettzugabe hell rösten und auskühlen lassen. Die Basilikumblätter von den Stielen zupfen. Alle Zutaten im Mixer zu einer Paste verarbeiten, mit Salz und Pfeffer würzen. Falls die Konsistenz zu dick ist, noch etwas Olivenöl hinzufügen.

Pfifferlinge:

▸ Pilze putzen, nicht waschen, je nach Größe halbieren und in einer heißen Pfanne portionsweise bei mittlerer Hitze im Öl 1 bis 2 Minuten anbraten. Kurz vor dem Servieren in den Eintopf geben. Gemüseeintopf in vorgewärmte Suppenteller verteilen und mit je 1 bis 2 Esslöffeln Pesto beträufeln.

Schweinebraten
mit Brezenknödeln

Eher keine Gäste für Krebse

Romantische Zeitlupenge-
spräche und endlose Candle-
light-Dinners, so lieben es die
Krebse. Solche Einladungen
machen den ungeduldigen
Widder wahnsinnig.

Krebse und Waagen sind wie
Wasser und Luft. Zwei unter-
schiedliche Köche, die ge-
meinsam den Brei verderben.

Der Krebs ist launisch, der
Steinbock pessimistisch.
Nicht gerade die ideale Vo-
raussetzung für eine Spaß-
gesellschaft.

Für 4 Personen

Braten:

1 Schweineschulter mit
Schwarte (ca. 1,5 kg)
Salz · Pfeffer aus der Mühle
2 EL Öl
ca. 350 ml Geflügelbrühe
3 weiße Zwiebeln
150 g Knollensellerie
2 Karotten
1 TL ganzer Kümmel
1 TL frisch geschnittener
Majoran
1 halbierte Knoblauchzehe
1 Scheibe frischer Ingwer

Knödel:

270 g Laugenbrezenstangen
(vom Vortag)
$1/4$ l Milch
2 Eier
Salz
Cayennepfeffer
frisch geriebene Muskatnuss
$1/2$ kleine Zwiebel
1 EL Butter

Braten:

▶ Den Backofen auf 140 ℃ vorheizen. Schweineschulter
salzen, pfeffern und in einem Bräter bei mittlerer Hitze im
Öl auf der Fleischseite anbraten. Wenden und so viel Brühe
dazugießen, dass die Fettschicht damit bedeckt ist. Den
Braten 1 $1/4$ Stunden im vorgeheizten Ofen garen. Dabei
gelegentlich mit Brühe begießen.

▶ Das Gemüse schälen, die Zwiebeln in Scheiben, den
Sellerie in 1 cm große Würfel, die Karotten schräg in $1/2$ cm
dicke Scheiben schneiden.

▶ Die Ofentemperatur auf 160 ℃ erhöhen. Das Fleisch wenden, die Schwarte mit einem scharfen Messer rautenförmig
einschneiden und mit Kümmel bestreuen. Gemüse hinzufügen und noch 45 Minuten bis 1 Stunde schmoren. 10 Minuten vor Garzeitende Majoran, Knoblauch und Ingwer
dazugeben. Zum Schluss Knoblauch und Ingwer wieder
entfernen. Für eine schöne Kruste noch die Grillfunktion
kurz dazuschalten.

Knödel:

▶ Brezenstangen vom Salz befreien, in kleine Würfel
schneiden. Milch einmal kurz aufkochen und vom Herd
nehmen. Eier verquirlen, mit der Milch verrühren, mit Salz,
Cayennepfeffer und Muskat würzen und über die Brezen
gießen. Knödelmasse zugedeckt 10 Minuten quellen lassen. Zwiebel schälen, in kleine Würfel schneiden, in einer
Pfanne bei milder Hitze in der Butter glasig dünsten und
zur Knödelmasse geben. Mit feuchten Händen aus der
Masse kleine Knödel formen. In siedendem Salzwasser gut
15 Minuten ziehen lassen, bis die Knödel gar sind.

▶ Den Krustenbraten in Scheiben schneiden, mit Schmorgemüse und Brezenknödeln servieren.

Karamellisierter Kirschstrudel
mit Rumsahne

Für 2 kleine Strudel

Füllung:

600 g Herzkirschen

2 cl Kirschwasser

50 g grob gehackte Haselnüsse

200 g gemahlene Mandeln

25 g Mehl

1 Ei

50 g Marzipan

50 g Butter

50 g Puderzucker

je $1/2$ TL abgeriebene unbehandelte Zitronen- und Orangenschale

Mark von $1/2$ Vanilleschote

1 Prise gemahlener Zimt

Salz

Strudel:

2 Strudelblätter (20 x 20 cm)

60 g flüssige Butter

Puderzucker zum Bestäuben

Rumsahne:

200 g Sahne

1 EL Puderzucker

2–4 cl Rum

Füllung:

▶ Den Backofen auf 160 °C vorheizen. Die Kirschen waschen, entsteinen und mit Kirschwasser beträufeln.

▶ Haselnüsse und Mandeln mischen und auf einem Blech im vorgeheizten Ofen in etwa 10 Minuten hell rösten, dabei mehrmals durchrühren, damit die Nüsse gleichmäßig bräunen. Abkühlen lassen und mit dem Mehl mischen.

▶ Ei trennen. Marzipan mit Eigelb cremig rühren. Butter mit Puderzucker, Zitronen- und Orangenschale, Vanillemark, Zimt und 1 Prise Salz schaumig schlagen. Die Marzipanmasse und das Eiweiß hinzufügen und einige Minuten weiterschlagen. Die Kirschen und die Mehl-Nuss-Mischung dazugeben und untermischen.

Strudel:

▶ Die Backofentemperatur auf 200 °C erhöhen.

▶ Die Strudelblätter auf ein Tuch legen und mit der flüssigen Butter bestreichen. Die Kirschfüllung entlang der Längsseite auf den Blättern verteilen und zu einem Strang formen. Die Strudel mithilfe des Tuchs aufrollen, die Enden leicht andrücken und mit der Nahtseite nach unten auf ein mit Backpapier ausgelegtes Blech legen.

▶ Die Strudel mit der restlichen Butter gleichmäßig bestreichen und im vorgeheizten Ofen in etwa 20 Minuten hell backen. Die Grillfunktion des Backofens einschalten. Strudel mit Puderzucker bestäuben und unter dem Grill hell karamellisieren lassen. Leicht abkühlen lassen und am besten mit einem Elektromesser in Stücke schneiden.

Rumsahne:

▶ Sahne halbsteif schlagen, Puderzucker hineinstäuben und kurz weiterschlagen. Rum unterrühren und die Rumsahne zu dem lauwarmen Strudel servieren.

Lieblingsgäste der Krebse

*Krebse speisen am romantischsten mit einem **Fisch**. Den Abwasch hinterher liebt keiner von beiden.*

*Die **Stier**-Krebs-Liebe geht durch den Magen: eine dicke Freundschaft, nicht nur am gemeinsamen Herd.*

*Krebse, die ihren Haushalt effektiver organisieren wollen, brauchen eine **Jungfrau**. Die bringt Ordnung in ihr Seelen- und Küchenchaos.*

***Skorpione** gehören zu den Lieblingsgästen der Krebse. Eine Traumpartnerschaft voller Verwöhnaroma und kochender Leidenschaft.*

Bananen-Stachelbeer-Creme
mit Kokosstreuseln

Für 4–6 Personen
Bananencreme:
250 g reife Stachelbeeren
(ersatzweise Himbeeren)
2 Blatt Gelatine
1 große, sehr reife Banane
Saft von 1 Zitrone
Saft von $1/2$ Orange
75 g Zucker
1 Msp Vanillemark
230 g Sahne

Kokosstreusel:
40 g Mehl (gesiebt)
40 g Zucker
40 g fein gemahlene Mandeln
Salz
40 g weiche Butter
30 g Kokoschips
Puderzucker zum Bestäuben

Bananencreme:

▶ Stachelbeeren waschen, trockentupfen und je nach Größe halbieren oder vierteln. Gelatine in kaltem Wasser einweichen. Banane schälen, klein schneiden und zusammen mit Zitronen- und Orangensaft, Zucker und Vanillemark in einem Mixer zu einer glatten Creme pürieren. Gelatine gut ausdrücken, in 2 Esslöffeln heißem Wasser auflösen und unter die Bananenmischung ziehen. Die Sahne halbfest schlagen und nach und nach unter das Püree heben, sodass eine lockere Masse entsteht.

▶ Die Hälfte der Creme in kleine Schälchen füllen, Stachelbeeren darauf verteilen, mit der restlichen Creme bedecken und im Kühlschrank in 2 bis 3 Stunden fest werden lassen.

Kokosstreusel:

▶ Mehl, Zucker, Mandeln, 1 Prise Salz und Butter zu einer krümeligen Masse verarbeiten. Kokoschips untermischen. Die Streusel zugedeckt mindestens 1 Stunde kalt stellen.

▶ Backofen auf 190 °C vorheizen. Die Streusel auf einem mit Backpapier ausgelegten Backblech in 10 bis 15 Minuten goldbraun backen. Abkühlen lassen.

▶ Zum Anrichten die Creme aus dem Kühlschrank nehmen, reichlich Streusel darauf verteilen, leicht mit Puderzucker bestäuben und servieren.

Der Krebs
als Gastgeber

Der Krebs-Gastgeber leidet unter einem ständigen Widerstreit der Gefühle: Er genießt die Geborgenheit seiner vier Wände, in die er sich am liebsten alleine – allenfalls in Begleitung seiner Traumfrau oder seines Traummannes – zu einem gemütlichen Abendessen zurückziehen kann. Zum anderen schätzt er auch Geselligkeit: Krebse sind meist hervorragende Gastgeber, fürchten aber, dass Fremde in ihre häusliche Geborgenheit eindringen könnten. Deshalb brauchen sie oft lange Bedenkzeit, bis sie überhaupt jemanden zu sich nach Hause bitten.

Hat der Krebs einmal die Einladung ausgesprochen, wird er sich emotional so intensiv mit diesem Ereignis beschäftigen, dass er möglicherweise am entscheidenden Abend (spätestens am Tag danach) psychisch völlig erschöpft im Bett landet. Wieder einmal hat ihm dann sein Ruhebedürfnis ein Schnippchen geschlagen. Krebse sind die fürsorglichsten Gastgeber. An ihrer Tafel werden Sie einen Abend lang umsorgt, gepflegt und nach allen Regeln der Kochkunst gefüttert. Krebse lieben Eleganz und korrektes Auftreten – auch bei ihren Gästen.

Eine gelungene Einladung ist für Krebse auch eine Bewährungsprobe, für Lob und Anerkennung sind sie deshalb besonders dankbar. Ein vergessener Dankeschön-Anruf am Tag danach könnte sie langfristig kränken. Denn Krebse besitzen ein Elefantengedächtnis. Sie können sich noch nach zehn Jahren an eine gefühlvoll komponierte Speisenabfolge erinnern; leider auch daran, dass Sie ihm womöglich eine taktlose Bemerkung als Zwischengang serviert haben.

Was schmeckt
dem Löwen

Es muss nicht immer Kaviar sein, um einen Löwen glücklich zu machen, aber immer öfter. Diese Gourmets haben feine Geschmacksnerven und lassen sich gerne etwas Besonderes auf der Zunge zergehen. Wenn Sie einem Löwen drei Sorten von Tomaten zeigen, wird er zielsicher nach der besten greifen. Qualität spielt für ihn in der Küche die wichtigste Rolle. Die Zutaten sollten erstklassig und einzigartig sein – dafür ist er bereit, tief in die Tasche zu greifen. Er braucht Feuer und Sonne im Essen. Seine Lieblingsgerichte sind herzhaft und enthalten oft kräftige, scharfe und seltene Gewürze, gut gereiftes Obst, frische Sommergemüse und Edelpilze. Löwen essen gerne zartes Fleisch wie Rinderfilet, Kalbsrücken, Flusskrebse oder einen kräftigen Edelfisch. Ein erfrischender Sommernachts-Nachtisch mit Früchten, Beeren und Champagner sollte die Krönung sein. Als Getränk reichen Sie Ihrem Löwen exotische Cocktails und vor allem Rotwein – aber bitte den besten Jahrgang.

Löwen sind die Könige der Küche und

wollen auch so bewirtet werden.

Das heißt aber nicht, dass

Löwen nicht königlich

kochen könnten!

Wie kocht
der Löwe

Löwen sind zum Herrschen geboren und nicht zum Kartoffelschälen. Trotzdem kocht dieses kreative Sternzeichen ausgezeichnet. Löwe-Mahlzeiten haben immer eine individuelle, unvergleichliche Note. Es ist eine Freude, dem Löwen beim Kochen zuzusehen. Er liebt es, wenn seine Gäste andächtig um ihn und seine Pfannen versammelt sind und sein Drehen, Wenden, Aufgießen, Umrühren und Flambieren ehrfürchtig bestaunen, um anschließend lange und anhaltend zu applaudieren. Löwen lieben das Spiel mit dem Feuer!

Niemals wird es dieses Sternzeichen zugeben, wenn es beim Kochen einen Fehler gemacht hat – dazu sind Löwen viel zu stolz. Vermeiden Sie also Randbemerkungen über das fehlende Salz in der Suppe, meistens wird bei Ihrem Löwen sowieso alles mehr als perfekt sein. Gerne lässt er sich fragen, wie er dieses wunderbare Gericht gemacht hat. Das sind die besten Streicheleinheiten für sein Ego und kommt der Löwen-Liebe zum Lehren entgegen.

Löwe-Küchen sind exklusiv ausgestattet. Bei diesem Sternzeichen wird sich meist ein besonderes Gewürz oder Öl finden, das es nicht überall zu kaufen gibt. Für eine qualitativ einzigartige Espressomaschine wird ein Löwe meilenweit fahren. Er besitzt auch nicht irgendeinen Kochtopf oder Korkenzieher, sondern von allem nur das Beste. Selbst bei weniger wohlhabenden Vertretern dieses Zeichens ist das spürbar. Ihr altes Ofenmodell ist sicher etwas Besonderes, vielleicht das letzte seiner Art.

Zweierlei Grillbutter
mit Limetten/Ingwer und Senf

Für 4 Personen

Limetten-Ingwer-Butter:

1 unbehandelte Limette
30 g kandierter Ingwer
250 g weiche Butter
1–2 TL Blütenhonig
Salz
Cayennepfeffer

Senfbutter:

1/2 Zwiebel
1 EL Öl
250 g weiche Butter
1 EL scharfer Senf
100 g grobkörniger Senf
(Rotisseur-Senf)
1 TL Worcestershiresauce
1 TL frisch geschnittener
Estragon
Salz · Pfeffer aus der Mühle

Limetten-Ingwer-Butter:

▶ Die Schale der Limette möglichst dünn – ohne die weiße Haut – abschälen und sehr fein hacken. Den Ingwer ebenfalls fein hacken.
▶ Die Butter mit einem Schneebesen schaumig rühren. Limettenschale, Ingwer, Honig und einige Tropfen Limettensaft dazugeben und unterrühren. Mit Salz und Cayennepfeffer abschmecken.
▶ Die Butter auf die Längsseite eines Bogens Pergamentpapier verteilen und eine Rolle daraus formen. Mindestens 1 Stunde in den Kühlschrank legen. Die Butter zum Servieren in Scheiben schneiden. Sie kann in eine Weißwein- oder Geflügelsauce gemixt werden oder zu gegrilltem Fisch oder Gemüse gereicht werden.

Senfbutter:

▶ Die Zwiebel schälen, in kleine Würfel schneiden und in einer Pfanne im Öl bei mittlerer Hitze glasig dünsten und abkühlen lassen.
▶ Die Butter cremig rühren, die beiden Senfsorten mit Worcestershiresauce und der Zwiebel hineinrühren. Den Estragon hinzufügen, unterrühren und mit Salz und Pfeffer würzen. Die Senfbutter passt zu Fisch, Steaks und gegrilltem Schweinefleisch.

Die Löwegeburtstagszeit ist Grillzeit: hier ein Geheimtipp für gewürzverliebte, geschmacksverwöhnte Löwenmäuler!

Tatar vom Rinderfilet
mit Wachtelspiegelei

Rund um den Löwe-Tisch

Dieses Sternzeichen steht für Kreativität – also lassen Sie sich etwas einfallen, wenn Sie für Ihren Löwe-Freund den Tisch decken. Eine Löwe-Tafel muss auffallen. Gerne können es das feine Porzellan mit Goldrand und die geschliffenen Kristallgläser sein. Löwen haben Freude an goldgelben Tönen, und wenn schon kein echtes Gold Ihren Tisch ziert, dann können üppige Sonnenblumen auf gelber Tischdecke den gleichen Zweck erfüllen. Prunkvolle Kerzenleuchter sollten nicht fehlen. Löwen lieben warmes Licht. Bei Tisch gibt es dann nur einen Platz für einen Löwen: gegenüber vom Gastgeber, am anderen Kopfende des Tisches. Damit erübrigt sich das Problem, wohin Sie einen zweiten Löwe-Gast platzieren. Zwei Löwen an einer Tafel – das ist einer zu viel!

Für 4 Personen
Tatar:
1 Schalotte
2 Cornichons
1 TL Kapern (eingelegt)
2 Sardellenfilets (in Öl)
600 g Rinderfilet
(ohne Haut und Sehnen)
Salz
1 Prise Zucker
2 TL Tomatenketchup
1 TL scharfer Senf
Pfeffer aus der Mühle
Cayennepfeffer
1 EL Schnittlauchröllchen

Wachtelspiegelei:
1 EL Butter · Salz
4 Wachteleier

Tatar:
▶ Die Schalotte schälen. Cornichons und Schalotte in kleine Würfel schneiden. Kapern und Sardellenfilets abtropfen lassen und fein hacken.
▶ Das Rinderfilet in Würfel schneiden, mit Salz und Zucker würzen und durch die feine Scheibe eines Fleischwolfs drehen. Ketchup, Senf, Schalotten, Cornichons, Kapern und Sardellen sorgfältig unter das Tatar mischen. Mit Salz, Pfeffer und Cayennepfeffer abschmecken und zum Schluss die Schnittlauchröllchen unterheben.

Wachtelspiegelei:
▶ In einer Pfanne bei milder Temperatur die Butter aufschäumen lassen und leicht salzen. Die Wachteleier darin in wenigen Minuten zu Spiegeleiern braten.

Anrichten:
▶ Aus der Tatarmasse 4 Hacksteaks formen und auf kalte Teller legen. Je 1 Wachtelspiegelei darauf anrichten und sofort servieren. Dazu schmecken geröstete Weißbrotscheiben oder frisch gebackene Kartoffelrösti.

Schuhbecks Tipp:
Zum Nachwürzen kann eine Gewürzmühle mit zerbröckelter Zimtrinde, schwarzen Pfefferkörnern, Koriander- und Pimentkörnern gefüllt und mit Salz und mildem Olivenöl auf den Tisch gestellt werden.

Kalte Tomaten-Paprika-Suppe
mit Flusskrebsen

Für 4 Personen

8 reife Tomaten

2 rote Paprikaschoten

ca. 350 ml eiskaltes stilles Mineralwasser

1 gehackte Knoblauchzehe

1–2 TL Rotweinessig

4 EL mildes Olivenöl

Salz

Cayennepfeffer

1 Prise Zucker

100 g Flusskrebse (beim Fischhändler vorbestellen)

1 Prise ganzer Kümmel

2 EL glatte Petersilie (grob gehackt)

▶ Den Stielansatz der Tomaten entfernen. Die Tomaten 20 Sekunden in kochendes Wasser tauchen, kalt abschrecken, häuten, vierteln und entkernen. Die Paprikaschoten halbieren, den Stielansatz und die Kerne entfernen und die Schotenhälften waschen.

▶ Aus beiden Gemüsesorten jeweils 1 Esslöffel kleine Würfel schneiden. Das übrige Gemüse grob zerkleinern und mit Mineralwasser, Knoblauch und Essig in einem Mixer pürieren, dabei das Olivenöl langsam hinzufügen. Mit Salz, Cayennepfeffer und Zucker würzen. Falls die Suppe zu dickflüssig ist, mit etwas Mineralwasser verdünnen und nochmals abschmecken. Im Kühlschrank kalt stellen.

▶ Krebse in siedendem Salzwasser mit Kümmel in 4 Minuten glasig garen und in kaltem Wasser abschrecken. Krebsschwänze vom Körper trennen, schälen und den Darm entfernen. Die Scheren aus den Schalen brechen.

▶ Die Tomaten-Paprika-Suppe in vorgekühlte Suppentassen verteilen, die Gemüsewürfel, die Krebsschwänze und -scheren hineingeben und mit Petersilie bestreuen.

Schuhbecks Tipp:
Anstatt der Krebsschwänze können z. B. auch gebratene Jakobsmuscheln oder Kaninchenmedaillons als Einlage verwendet werden.

Tischgespräch mit einem Löwen

Löwen sind ideale Partystimmungsmacher und können dank ihres Schauspieltalentes eine Tafelrunde problemlos einen ganzen Abend lang allein unterhalten. Diese selbstbewussten Gäste empfinden es als selbstverständlich, dass ihnen die Aufmerksamkeit aller Anwesenden zufließt. Bewundern Sie bitte seinen schönen Kaschmirpullover oder ihr extravagantes Kostüm! Dieses Sternzeichen ist sehr empfänglich für Anerkennung und ehrliche Komplimente: Löwen durchschauen nämlich falsches Spiel!

Seezunge im Ganzen gebraten
mit Artischocken-Tomaten-Ragout

Für 2 Personen

Ragout:

2 große Artischocken
Saft von $1/2$ Zitrone
3 EL Olivenöl
100 ml Weißwein
80–100 ml Gemüsebrühe
1 kleiner Rosmarinzweig
1 Knoblauchzehe
1 Streifen unbehandelte Zitronenschale
200 g Cocktailtomaten
Salz
Cayennepfeffer
20 g Butter

Seezunge:

2 Seezungen
(à 300 g; küchenfertig)
Salz · Pfeffer aus der Mühle
100 g doppelgriffiges Mehl
2–3 EL Öl
1 EL frisches Basilikum
(grob gehackt)
einige Tropfen Zitronensaft

Ragout:

▶ Stiele und Blätter von den Artischocken schneiden und das Heu entfernen. Die Artischockenböden bis zur Weiter-verwendung in Zitronenwasser legen. Dann abtropfen las-sen und halbieren. Die Hälften in 4 bis 6 Spalten schneiden und in einer Pfanne bei mittlerer Hitze im Öl anbraten. Den Wein dazugießen, reduzieren lassen und mit Brühe aufgie-ßen. Rosmarin, Knoblauch und Zitronenschale hinzufügen und die Artischocken bei milder Hitze zugedeckt in 5 bis 8 Minuten weich schmoren. Tomaten waschen, halbieren, zu den Artischocken geben, gut durchschwenken und kurz erhitzen. Mit Salz und Cayennepfeffer würzen, Butter darin schmelzen lassen, Rosmarin, Knoblauch und Zitronenscha-le entfernen und das Ragout leicht abkühlen lassen.

Seezunge:

▶ Den Backofen auf 110 ℃ vorheizen.
▶ Die Seezungen waschen, trockentupfen, salzen, pfeffern und in Mehl wenden. In einer entsprechend großen Pfanne bei mittlerer Temperatur das Öl erhitzen. Die Fische darin auf beiden Seiten in insgesamt etwa 3 Minuten anbraten. Auf ein Ofengitter mit untergelegtem Abtropfblech legen und im vorgeheizten Backofen auf der mittleren Einschub-leiste in gut 10 Minuten glasig durchziehen lassen.
▶ Das Artischockenragout nochmals abschmecken, mit Basilikum bestreuen und auf 2 vorgewärmte Teller vertei-len. Die Seezungen je nach Geschmack mit Zitronensaft beträufeln und mit dem Ragout servieren.

Schuhbecks Tipp:
Zum Anrichten können von den See-zungen die oberen Filets abgenommen, die Gräten entfernt und die Filets wieder aufeinander gelegt werden.

Kalbsrücken mit Steinpilzen
und flambierter Pfeffersauce

Für 4 Personen
Kalbsrücken:
4 Scheiben Kalbsrücken
(à 150–180 g; 2 cm dick)
Salz · Pfeffer aus der Mühle
1–2 EL Öl

Steinpilze:
400 g Steinpilze
2 EL Öl
20 g Butter
Salz · Pfeffer aus der Mühle
1 EL glatte Petersilie
(grob gehackt)

Pfeffersauce:
1 EL schwarze Pfefferkörner
Öl zum Anrösten
1 TL Puderzucker
2 cl Cognac
$1/4$ l Geflügelbrühe
100 g Sahne
1 Scheibe Knoblauch
30 g kalte Butter
Salz
Cayennepfeffer
frisch geriebene Muskatnuss

Kalbsrücken:
▸ Kalbsrückenscheiben mit dem Handballen etwas flach drücken. Mit Salz und Pfeffer würzen und in einer Pfanne bei mittlerer Hitze im Öl auf jeder Seite 2 bis 3 Minuten braten. Die Pfanne vom Herd nehmen und die Kalbsscheiben noch etwas darin ziehen lassen.

Steinpilze:
▸ Die Steinpilze putzen, nicht waschen, in dünne Scheiben schneiden und portionsweise in einer heißen Pfanne bei mittlerer Hitze im Öl in etwa 3 Minuten hellbraun anbraten. Zum Schluss die Butter dazugeben und schmelzen lassen, mit Salz und Pfeffer würzen und mit Petersilie bestreuen.

Pfeffersauce:
▸ Pfefferkörner im Mörser grob zerstoßen, feinen Staub absieben und den Schrot in nicht zu heißem Öl 1 bis 2 Minuten anrösten. Auf einem feinen Sieb abtropfen lassen.
▸ Puderzucker in einem Topf bei mittlerer Hitze karamellisieren lassen, mit dem Cognac ablöschen und sofort mit einem langen Streichholz entzünden. Sobald der Alkohol verbrannt ist, die Brühe dazugießen, geröstete Pfefferkörner, Sahne und Knoblauch hinzufügen und die Sauce 15 bis 20 Minuten bei milder Hitze köcheln lassen.
▸ Die Sauce durch ein Sieb gießen. Butter in Stückchen dazugeben und die Sauce nochmals aufmixen, mit Salz, Cayennepfeffer und Muskatnuss abschmecken.
▸ Den Kalbsrücken mit den Steinpilzen und der flambierten Pfeffersauce servieren.

Weißer Champagnerpfirsich
mit Himbeersauce

Für 4 Personen

Champagnerpfirsich:

600 ml Champagner

200 ml Wasser

130 g Zucker

Saft von $1/2$ Zitrone

$1/2$ aufgeschlitzte Vanille-schote

2 cm Zimtrinde

3 Kardamomkapseln

3 Zacken Sternanis

1 Streifen unbehandelte Zitronenschale

4 reife, feste weiße Pfirsiche

Himbeersauce:

300 g Himbeeren

ca. 40 g Zucker

einige Tropfen Zitronensaft

Champagnerpfirsich:

▸ Champagner, Wasser, Zucker und Zitronensaft in einen Topf geben. Vanilleschote, Zimtrinde, Kardamomkapseln, Sternanis und Zitronenschale hinzufügen und einmal auf-kochen lassen.

▸ Die Pfirsiche waschen, halbieren, entsteinen und in den kochenden Sud geben. 10 Minuten bei milder Hitze darin sanft köcheln lassen, vom Herd nehmen und die Pfirsiche zugedeckt durchziehen lassen. Die ausgekühlten Pfirsiche häuten und fächerartig einschneiden.

Himbeersauce:

▸ Die Himbeeren mit Zucker bestreuen, etwas Zitronensaft darüber träufeln. Im Mixer pürieren und die Himbeersauce durch ein Sieb streichen. Nach Geschmack noch mit etwas Zucker abschmecken.

Anrichten:

▸ Die Pfirsiche auf Tellern anrichten und mit der Himbeer-sauce garnieren.

Schuhbecks Tipp:
Der Champagnersud der Pfirsiche kann mit 50 g Akazienhonig und etwas Zitronensaft abgeschmeckt zu einem Sorbet gefroren werden.

Eher keine Gäste für Löwen

Luxuriöse Löwen-Auftritte und natürliche Stier-Sparsamkeit sind nicht gerade der Beginn einer großen Küchen-liebe.

Es kann nur einen geben: Zwei Löwen an einem Tisch ist immer ein König zu viel.

Skorpione und Löwen, das gibt Kampf. Feuer gegen Wasser, Licht gegen Dunkel-heit. Da vergeht den anderen Gästen vor Schreck der Appetit.

Geeistes vom Kaffee
mit Kardamom

Für 4 Personen

50 g Sahne
1 EL Kaffeebohnen
55 g Zucker
50 ml starker Kaffee
1 geh. TL Instantkaffee
1 Blatt Gelatine
2 Eigelb
1 EL Rum
100 g Sahne
frisch gemahlener Kardamom

▸ Sahne mit Kaffeebohnen und 1 Teelöffel Zucker verrühren. Zugedeckt im Kühlschrank 1 Tag durchziehen lassen.
▸ Kaffee, Instantkaffee und 25 g Zucker einmal aufkochen lassen und rühren, bis sich der Zucker aufgelöst hat.
▸ Die Gelatine in kaltem Wasser einweichen. Das Eigelb mit dem restlichen Zucker schaumig schlagen, den heißen Kaffee unter Rühren dazugießen. Die Masse im Wasserbad bei etwa 80 °C weiterschlagen, bis sie feinporig und schaumig ist. Die Gelatine ausdrücken, im Kaffeeschaum auflösen und den Schaum im kalten Wasserbad oder in der Küchenmaschine so lange schlagen, bis er leicht abgekühlt ist. Den Rum hinzufügen. Sahne steif schlagen und unter den Kaffeeschaum ziehen. Kaffee- oder Mokkatassen 1 bis 1 1/2 cm unter den Rand mit dem Kaffeeschaum füllen und einige Stunden im Tiefkühlgerät gefrieren lassen.
▸ Die Sahne-Kaffeebohnen-Mischung durch ein Sieb gießen und die Sahne schaumig schlagen. Kurz vor dem Servieren die Tassen bis zum Rand mit der weißen Kaffeesahne füllen. Mit je 1 Prise Kardamom bestreuen und servieren.

Schuhbecks Tipp:
Auf Instantkaffee kann verzichtet werden, wenn statt starkem Filterkaffee die gleiche Menge Espresso verwendet wird. Das Geeiste vom Kaffee schmeckt am besten, wenn es 20 bis 30 Minuten vor dem Servieren in den Kühlschrank gestellt wird.

Der Löwe
als Gastgeber

Löwen laden nicht ein, sondern sie halten Hof. Nicht umsonst gibt es den Begriff des „Partylöwen". Löwen feiern gerne, sind gastfreundlich und großzügig, und wer sie besucht, kommt in den Genuss eines glanzvollen Abends, den er nicht so schnell vergessen wird. Dieses Sternzeichen versteht es, selbst kleine Einladungen im großen Stil zu inszenieren und zu zelebrieren.

Ihr Löwe-Gastgeber hat sicher keine Kosten gescheut, um Sie nach allen Regeln der Kunst zu verwöhnen. Gerne gibt er Ihnen eine Privataudienz in seinem Reich, aber noch lieber feiert er mit vielen Gästen. Er wird Sie mit einem strahlenden Lächeln begrüßen, Ihnen ein Glas Champagner reichen, Sie mit einer großen Geste mit seinen Freunden bekannt machen und Sie durch die Wohnung an den reich gedeckten Tisch führen. Er hat schöne und interessante Männer und Frauen versammelt, im Hintergrund spielt festliche Musik.

Bei einem Löwen eingeladen zu sein ist schon wegen seines guten Geschmacks ein Erlebnis. Löwen umgeben sich gerne mit schönen Dingen, die einzigartig sind. In ihren vier Wänden werden Sie keinen billigen Tand finden oder eine Lampe, die zur Zeit „in" ist und sich jeder leisten könnte. Der stolze Löwe-Gastgeber sieht es auch gerne, wenn sich seine Gäste für ihn „in Schale" geworfen haben und seinen Partner angemessen bewundern.

Was schmeckt
der Jungfrau

Jungfrauen sind sehr wählerische und kritische Esser. Sie werden bei jeder Mahlzeit die Spreu vom Weizen trennen – am Tellerrand liegen dann chirurgisch sauber herausgetrennt die Zutaten, die sie nicht mögen. Servieren Sie ihnen einen ihrer heiß geliebten Zwetschgenknödel und sie werden ihn sofort in zwei Hälften teilen. Eine Jungfrau will sichergehen, was sich „darin" verbirgt. Als Erdzeichen isst sie am liebsten einfach, klar und gesund: Milchprodukte, Obst, Gemüse, Salate – alles frisch und nie aus Dosen. Sie schätzt feine Hausmannskost, Speisen aus ihrer näheren Umgebung, aus der freien Natur oder „vom Land". Wild- und Pilzgerichte, Kaninchen, Kastanien, Zander, Bachforellen oder Saiblinge, Mehlspeisen und gratinierte Früchte zum Nachtisch stehen auf ihrer Speisekarte hoch im Kurs. Jungfrauen trinken lieber Weine mit kräftigerem Geschmack – und gerne auch ein Glas Bier. Das Reinheitsgebot könnte von einer Jungfrau stammen.

Jungfrauen achten sehr auf ihre
Gesundheit. Ihr reicher Wissensschatz
macht sie zu den Ernährungs-
experten der Küche.

Wie kocht
die Jungfrau

Jungfrauen kochen mit Köpfchen. Unter diesem Sternzeichen werden die umsichtigsten und vorsichtigsten Köche geboren. Wenn Sie wissen wollen, welches Gewürz oder Gemüse welche Wirkung auf Ihren Körper hat, kann Ihnen eine Jungfrau immer eine Antwort geben. Auch mit Diäten und Kuren ist dieses Sternzeichen gut vertraut – falls Sie also auf Ihre Ernährung achten müssen, sind Sie bei einem Jungfrau-Koch am besten aufgehoben.

Nicht zuletzt dank ihres Perfektionismus bringt es die Jungfrau in Sachen Kochkunst weit. Ihre Nudeln werden immer „al dente" sein und trotzdem ist dieses Sternzeichen niemals ganz zufrieden. Kritik, und sei es Selbstkritik, wirkt auf Jungfrauen wie ein Beruhigungsmittel, das sie brauchen, um sich sicher zu fühlen. Jungfrauen halten sich beim Kochen immer streng ans Rezept. Fehlt eine genaue Mengenangabe oder ist die Küchenwaage kaputt, reagiert eine Jungfrau vollkommen verunsichert. Sie wird sich den Rest des Abends fragen: Hätte ich nicht doch drei statt zwei Esslöffel nehmen sollen?

Jungfrauen kochen sehr ökonomisch und versuchen mit dem geringsten Arbeitsaufwand in der kürzesten Zeit den größtmöglichen Nutzen zu erzielen. Genau so ist auch ihre Küche eingerichtet. Gut sortiert, alles griffbereit am richtigen Platz. Jungfrauen kochen und essen schließlich selbst gerne. Hat eine Jungfrau-Köchin ein Rezept für gut befunden, kann sie eine Gier danach entwickeln, die fast beängstigend ist. Die ungeheuren Mengen, die sie dann vertilgt, sind eine reine Vorsichtsmaßnahme: Sie sorgt vor für „karge" Tage.

Apfel-Beeren-Müsli
mit Joghurt

Für 2 Personen

1–2 EL Haselnussblättchen

2 getrocknete Aprikosen

60 g grobe Getreideflocken
(z. B. Hafer, Dinkel, Roggen)

200 g Rahmjoghurt (ersatzweise Vollmilchjoghurt)

1 saftiger Apfel

1/2 reife Banane

150 g gemischte Beeren

einige Tropfen Zitronensaft

1 TL Akazienhonig

▶ Haselnussblättchen in einer Pfanne ohne Fett hell anrösten und abkühlen lassen.

▶ Aprikosen klein schneiden und mit Flocken und Joghurt
mischen. Zugedeckt gut 15 Minuten quellen lassen.

▶ Den Apfel waschen, vierteln, entkernen und grob raspeln.
Die Banane klein schneiden, die Beeren verlesen. Geriebe-
nen Apfel, Bananenstücke, Zitronensaft und die Hälfte der
Beeren unter die Joghurtmischung rühren. Das Müsli mit
Honig abschmecken, in 2 Schälchen füllen, mit den restlichen Beeren garnieren, mit den Haselnüssen bestreuen
und servieren. Je nach Geschmack kann man auch noch
Kokosflocken, andere Nüsse, Sonnenblumenkerne, Lein-
samen und Rosinen hinzufügen. Die Beeren kann man je
nach Saison durch verschiedene Obstsorten ersetzen.

*Jungfrauen achten sehr auf ihre
Ernährung: Mit diesem Müsli
beginnt ihr Tag gut und gesund!*

Gebackenes Zitronenhähnchen
mit Rosmarin

Für 4 Personen
Panade:
2 Eier · 1/2 TL scharfer Senf
etwas Zitronensaft
1 Msp fein gehackte
unbehandelte Zitronenschale
Salz · Pfeffer aus der Mühle
frisch geriebene Muskatnuss
150–200 g frisch geriebenes
Weißbrot
1 TL frische Rosmarinnadeln
(sehr fein gehackt)
80 g doppelgriffiges Mehl

Hähnchen:
4 Geflügelbrüste (ohne Haut
und Knochen)
Salz · Pfeffer aus der Mühle
ca. 200 g Butterschmalz
zum Ausbacken

Panade:
▸ Eier und Senf glatt rühren und mit etwas Zitronensaft, Zitronenschale, Salz, Pfeffer und Muskatnuss würzen. Geriebenes Weißbrot mit dem Rosmarin mischen. Eiermischung, Weißbrotbrösel und Mehl jeweils in tiefe Teller oder Schalen verteilen.

Hähnchen:
▸ Die Geflügelbrüste in 3 bis 4 cm breite Streifen schneiden, mit Salz und Pfeffer würzen und nacheinander zuerst im Mehl wenden, dabei überschüssiges Mehl abklopfen, dann durch die Eier-Zitronen-Mischung ziehen und zum Schluss in den Weißbrotbröseln wenden. Die Brösel dabei nicht zu fest andrücken.
▸ Die panierten Geflügelstücke in einer Pfanne bei milder Hitze in reichlich Butterschmalz von beiden Seiten in insgesamt 4 bis 5 Minuten goldbraun und knusprig ausbacken. Das fertige Zitronenhähnchen auf Küchenpapier abtropfen lassen, leicht salzen und warm servieren. Als Beilage passt sehr gut ein Kartoffel-Avocado-Salat mit Brunnenkresse (siehe Schuhbecks Tipp).

Schuhbecks Tipp:
Kartoffel-Avocado-Salat mit Brunnen-
kresse: Den Kartoffelsalat von Seite 13
ohne Bärlauch zubereiten. Zum Schluss
1 große, reife Avocado in 1/2 bis 1 cm
breite Scheiben schneiden und mit einer
Hand voll Brunnenkresseblätter unter
den Kartoffelsalat mischen.

Rosa gebratener Rehrücken
auf Melonen-Bohnen-Salat

Für 4 Personen
Dressing:

1 TL Puderzucker

60 ml roter Portwein

3 EL Gemüsebrühe

1–2 EL Rotweinessig

2 EL Öl · 1 TL Nussöl

1/2 TL Akazienhonig

1 Scheibe frischer Ingwer

1 Streifen unbehandelte Zitronenschale

Salz · Pfeffer aus der Mühle

Salat:

400 g feine grüne Bohnen

Salz

250 g Honigmelone

250 g Charentais- oder Cavaillonmelone

1 Kopfsalatherz

Rehrücken:

400 g Rehrücken (küchenfertig) · Salz

je 1 EL Wacholderbeeren, schwarze Pfeffer- und Pimentkörner

1 TL zerbröckelte Zimtrinde

2 zerbröckelte Lorbeerblätter

1 EL Öl

Dressing:

▶ In einer Pfanne den Puderzucker karamellisieren lassen, roten Portwein dazugießen, reduzieren lassen und die Brühe hinzufügen. Rotweinessig, beide Ölsorten und Honig hineinrühren. Ingwer und Zitronenschale dazugeben und beides nach einigen Minuten wieder entfernen. Mit Salz und Pfeffer würzen.

Salat:

▶ Die Bohnen putzen, halbieren und in kochendem Salzwasser blanchieren. In Eiswasser abschrecken und auf einem Sieb gut abtropfen lassen. Beide Melonensorten schälen, der Länge nach in etwa 3 cm breite Spalten und dann in Scheiben schneiden. Den Salat in einzelne Blätter zerteilen, waschen, trockenschütteln und in mundgerechte Stücke zupfen.

Rehrücken:

▶ Den Backofen auf 120 ℃ vorheizen.
▶ Das Rehrückenfilet salzen. Die Gewürze in eine Gewürzmühle füllen und das Filet damit würzen. In einer Pfanne im Öl rundherum anbraten, auf ein Ofengitter mit untergelegtem Abtropfblech setzen und den Rehrücken auf der mittleren Einschubleiste im vorgeheizten Ofen in etwa 20 Minuten rosa garen.

Anrichten:

▶ Bohnen, Melonen und Salatblätter mischen und mit dem Dressing marinieren.
▶ Den Melonen-Bohnen-Salat auf Teller verteilen. Das Rehrückenfilet schräg in 1 cm dicke Scheiben schneiden und mit dem Salat anrichten.

Rahmschwammerl
mit kleinen Schinkenknödeln

Für 4 Personen
Knödel:
1 kleine Zwiebel · 1 EL Öl
80 g gekochter Schinken
300 g Brötchen oder Weißbrot
(vom Vortag)
275 ml Milch · 3 Eier
Salz · Cayennepfeffer
1 EL glatte Petersilie
(grob gehackt)
Pfeffer aus der Mühle
frisch geriebene Muskatnuss

Rahmschwammerl:
600 g frische Pilze
(z. B. Steinpilze, Pfifferlinge
oder Champignons)
1 kleine Zwiebel
2 EL Öl
350 ml Gemüsebrühe
1 kleines Lorbeerblatt
2 EL getrocknete Egerlinge
150 g Sahne
20 g kalte Butter
1 Streifen unbehandelte
Zitronenschale
Salz · Pfeffer aus der Mühle
Cayennepfeffer
1 EL glatte Petersilie
(grob gehackt)

Knödel:
▶ Die Zwiebel schälen, in kleine Würfel schneiden und in
einer Pfanne im Öl glasig dünsten. Den Schinken in sehr
kleine Würfel schneiden.
▶ Brot in dünne Scheiben schneiden. Milch einmal aufkochen und vom Herd nehmen. Eier verquirlen, mit der Milch
mischen, mit Salz und Cayennepfeffer würzen und über die
Brötchen gießen. Die Knödelmasse zugedeckt 10 Minuten
quellen lassen. Zwiebeln, Schinken und Petersilie untermischen und mit Salz, Pfeffer und Muskatnuss würzen. Mit
feuchten Händen aus der Masse kleine Knödel formen und
in siedendem Salzwasser 15 Minuten ziehen lassen.

Rahmschwammerl:
▶ Pilze putzen, nicht waschen, und klein schneiden. Zwiebel schälen, in kleine Würfel schneiden und in einem Topf in
1 Esslöffel Öl glasig dünsten. Mit Brühe auffüllen, das Lorbeerblatt dazugeben und die Zwiebeln weich köcheln lassen. Getrocknete Pilze dazugeben und 20 Minuten darin
ziehen lassen. Das Lorbeerblatt aus der Brühe nehmen, die
Sahne dazugießen. Die Sauce mit dem Stabmixer aufschlagen und durch ein Sieb gießen. Butter in kleinen Stückchen
dazugeben und die Sauce nochmals durchmixen. Zitronenschale hineingeben, einige Minuten darin ziehen lassen
und wieder entfernen.
▶ In einer Pfanne bei mittlerer Temperatur das restliche Öl
erhitzen. Frische Pilze darin am besten portionsweise 1 bis
2 Minuten braten, wenden und noch etwas weiterbraten.
Mit Salz und Pfeffer würzen und die Petersilie hinzufügen.
▶ Die Sauce mit Salz und Cayennepfeffer abschmecken,
nochmals aufschäumen und die gebratenen Pilze untermischen. Die Rahmschwammerl in warme tiefe Teller verteilen und die Knödel darauf anrichten.

Gebratener Zander
auf Karotten-Koriander-Gemüse

Für 4 Personen

Zander:

600 g Zanderfilet
(mit Haut, ohne Gräten)
Salz · Pfeffer aus der Mühle
2 EL Öl
einige Tropfen Zitronensaft

Gemüse:

1 EL Korianderkörner
1 cm Zimtrinde
600 g Karotten
1 TL Puderzucker
$1/4$ l Gemüsebrühe
1 Streifen unbehandelte
Zitronenschale
20 g kalte Butter
1 EL glatte Petersilie
(grob gehackt)
Salz
Cayennepfeffer

Zander:

▸ Die Fischfilets in 4 gleich große Stücke schneiden, mit Salz und Pfeffer würzen. In einer Pfanne das Öl bei mittlerer Temperatur erhitzen. Zanderfilets mit der Hautseite nach unten hineinlegen und in 3 bis 4 Minuten kross braten. Wenden, die Pfanne vom Herd nehmen und den Fisch darin glasig durchziehen lassen. Auf Küchenpapier abtropfen lassen und mit Zitronensaft beträufeln.

Gemüse:

▸ Koriander und Zimt in eine Gewürzmühle füllen. Die Karotten schälen und schräg in etwa 3 mm dicke Scheiben schneiden.
▸ In einem Topf Puderzucker karamellisieren lassen, die Karotten dazugeben, kurz anschwitzen und mit der Brühe auffüllen. Zitronenschale hinzufügen und mit Koriander und Zimt aus der Mühle würzen. Die Karotten in 10 Minuten knapp unter dem Siedepunkt fast weich kochen. Den Sud durch ein Sieb gießen, die Butter in Stückchen hinzufügen und die Sauce mit einem Stabmixer schaumig aufschlagen. Die Karotten wieder in den Sud geben, die Petersilie hinzufügen und mit Salz und Cayennepfeffer abschmecken. Das Karottengemüse auf vorgewärmte Teller verteilen und die Fischfilets darauf anrichten.

Schuhbecks Tipp:
Wer möchte, kann das Karotten-Koriander-Gemüse auch noch zusätzlich mit ein paar Tropfen Anislikör verfeinern.

*Eher keine Gäste
für Jungfrauen*

Mit Zwillingen und Jungfrauen wird das Kochen zu intellektuell. Eine Kochgemeinschaft für heiße Auseinandersetzungen.

Jungfrauen- und Schütze-Begegnungen enden sicher nicht am gemeinsamen Herd. Die Jungfrau bekommt Panik und der Schütze auch.

Fische sind das Gegenteil der Jungfrauen. Sie machen alles, wovor Jungfrauen lebenslänglich Angst haben. Zu viel Chaos für einen gemeinsamen Kochkurs.

Gratinierte Feigen
mit Karamellsahne

Für 4 Personen
Karamellsahne:
75 g Zucker
250 g Sahne (warm)

Feigen:
6 reife, große Feigen
Butter für die Form
3 EL Dessertwein
50 g brauner Zucker
60 g Butter

Karamellsahne:

▶ Zucker mit so viel Wasser in einen kleinen Topf geben, dass der Zucker bedeckt ist. Bei ganz milder Hitze bernsteinfarben karamellisieren lassen. Vom Herd nehmen und mit Sahne ablöschen. Sahne unter Rühren zum Köcheln bringen und so lange rühren, bis der Karamell sich darin aufgelöst hat. Durch ein Sieb gießen und im Kühlschrank mehrere Stunden, am besten über Nacht, kalt stellen.
▶ Die Karamellsahne kurz vor dem Servieren halbfest aufschlagen.

Feigen:

▶ Die Grillfunktion des Backofens einschalten.
▶ Feigen waschen und halbieren. Nebeneinander mit der Schnittfläche nach oben in eine leicht gebutterte Backform setzen. Mit Dessertwein beträufeln und mit Zucker und Butterflöckchen bestreuen. Feigen unter dem vorgeheizten Grill auf der mittleren Einschubleiste gut 15 Minuten grillen, bis die Feigen weich und leicht gratiniert sind. Etwas abkühlen lassen und mit dem ausgetretenen Saft beträufeln. Mit Karamellsahne anrichten und sofort servieren.

Schuhbecks Tipp:
Um einen intensiven Karamellgeschmack zu bekommen, ist es wichtig, den Zucker bernsteinfarben zu karamellisieren. Sobald der Zucker die gewünschte Farbe hat, den Topf vom Herd nehmen und den Karamell sofort mit erhitzter Sahne ablöschen.

Lieblingsgäste der Jungfrauen

Stiere und Jungfrauen sind eine treue Truppe. Aber manchmal wird mehr in den Kühlschrank investiert als in heiße Leidenschaft.

Mit Krebsen ergänzen sie sich perfekt. Die Jungfrau ordnet das Gefühlschaos, das der Krebs nicht nur in der Küche hinterlässt.

Skorpione verwandeln die vorsichtigste Jungfrau in eine hemmungslose Küchenfee.

Steinböcke sind ihre Lieblingsgäste: Sie genießen gemeinsam, dass alles so schmeckt, wie es zu schmecken hat.

Zwetschgenknödel
mit Zimtbröseln

Für 4 Personen

Brösel:

125 g Butter

30 g Zucker

50 g Weißbrotbrösel

20 g gemahlene Mandeln

1/2 TL gemahlener Zimt

Knödel:

250 g durchgedrückte, ausgedampfte Kartoffeln

45 g Speisestärke

15 g Hartweizengrieß

1 Msp Vanillemark

1 Msp abgeriebene unbehandelte Orangenschale

1 Eigelb

1 EL flüssige Butter

8 kleine, reife Zwetschgen

40 g Marzipan

Salz

Butter für die Form

Puderzucker zum Bestäuben

Brösel:

▶ Butter in einer Pfanne bei milder Hitze aufschäumen lassen, Zucker, Weißbrotbrösel und Mandeln dazugeben und unter Rühren hellbraun rösten. Brösel vom Herd nehmen, mit Zimt mischen und leicht abkühlen lassen.

Knödel:

▶ Die noch warmen Kartoffeln mit Stärke, Grieß, Vanillemark und Orangenschale mischen. Eigelb und Butter hinzufügen und alles rasch zu einem glatten Teig verkneten, in 8 Portionen teilen.

▶ Zwetschgen waschen, trockentupfen, entsteinen und mit einem kleinen Stück Marzipan füllen. Jedes Teigstück mit bemehlten Händen zu einem dünnen Taler flach drücken. Je 1 Zwetschge in die Mitte geben, einschlagen und zu einem kleinen Knödel formen.

▶ Den Backofen auf 190 ℃ vorheizen.

▶ Die Knödel in reichlich siedendem Salzwasser 10 bis 15 Minuten ziehen lassen, bis sie gar sind. Mit einem Schaumlöffel herausnehmen, gut abtropfen lassen und nebeneinander in eine leicht gebutterte Auflaufform setzen. Mit reichlich Zimtbröseln bestreuen und für 4 Minuten in den Ofen schieben. Zwischendurch mit den restlichen Bröseln bestreuen. Anschließend mit Puderzucker bestäuben und sofort servieren.

Die Jungfrau
als Gastgeber

Achten Sie darauf, dass Sie sich bei einer Jungfrau nicht verspäten. Dieses Sternzeichen hasst Unpünktlichkeit. Wenn Sie es trotzdem nicht rechtzeitig schaffen, gestehen Sie ihr den wahren Grund, denn einer Jungfrau können Sie nichts vormachen. Sie hat ohnehin mit Ihrer Verspätung gerechnet. Denn Jungfrauen leben nach Murphys Law: „Was schief gehen kann, das geht auch schief." Deshalb sorgen sie immer für alle Fälle vor.

Die Wohnung ihres Jungfrau-Gastgebers ist wie ein Lexikon, fast pedantisch geordnet, nichts steht am falschen Platz. Jeder Wasserfleck auf der Spüle oder den Weingläsern ist vorsorglich wegpoliert, alles ist gut organisiert und bis ins Detail geplant. Wundern Sie sich nicht, wenn Sie von Ihrem Jungfrau-Gastgeber gebeten werden, die Schuhe auszuziehen oder Ihren Mantel nur an einen bestimmten dafür vorgesehenen Haken zu hängen. Auch wenn Ihre Jungfrau nicht darum bitten sollte, landen Sie Pluspunkte, wenn Sie auf solche Kleinigkeiten achten und ihren Haushalt nicht in „Unordnung" bringen.

Jungfrauen erledigen alles gründlich, sind detailverliebt und werden auch beim Bewirten ihrer Gäste immer peinlich genau darauf achten, dass alles im erforderlichen Umfang in der richtigen Art und Weise zum notwendigen Zeitpunkt geschieht. Beim Tischdecken wie beim Aufräumen danach können sie fast pedantisch werden. Ein Jungfrau-Gastgeber wird sich erst dann richtig wohl fühlen, wenn er weiß, dass nichts mehr schief gehen kann – das ist leider meist erst dann, wenn alle Gäste gegangen sind.

Was schmeckt
der Waage

Sie werden eine Waage niemals mit einem überladenen Teller von einem Buffet kommen sehen. Dieses Sternzeichen isst wie ein Mäuschen: lieber viele kleine, abwechslungsreiche Gerichte über den Tag verteilt als eine große, schwere Mahlzeit. Ihre Lieblingsgerichte sind feine, leichte Speisen, die schön aussehen: Die Zutaten sollten auch farblich aufeinander abgestimmt sein. Dieses Luftzeichen liebt Meeresfisch wie Seeteufel oder Dorade, Venusmuscheln, zartes Filet oder Tellerfleisch. Auch leichtes Geflügel, mariniertes Gemüse und Salate mit süßlichen Dressings – bitte keine scharfen Gewürze oder schweren Saucen! Gerne genießt die Waage Weißweinsaucen. Als Nachtisch empfiehlt sich etwas Luftiges, wie Sabayon, Mousse, Beeren- oder Früchteragout mit einem mild-süßen Geschmack. Auch bei den Getränken wird die Waage leichtere Sorten bevorzugen: blumige Weißweine, Prosecco, stilles Tafelwasser oder ein Pils „light".

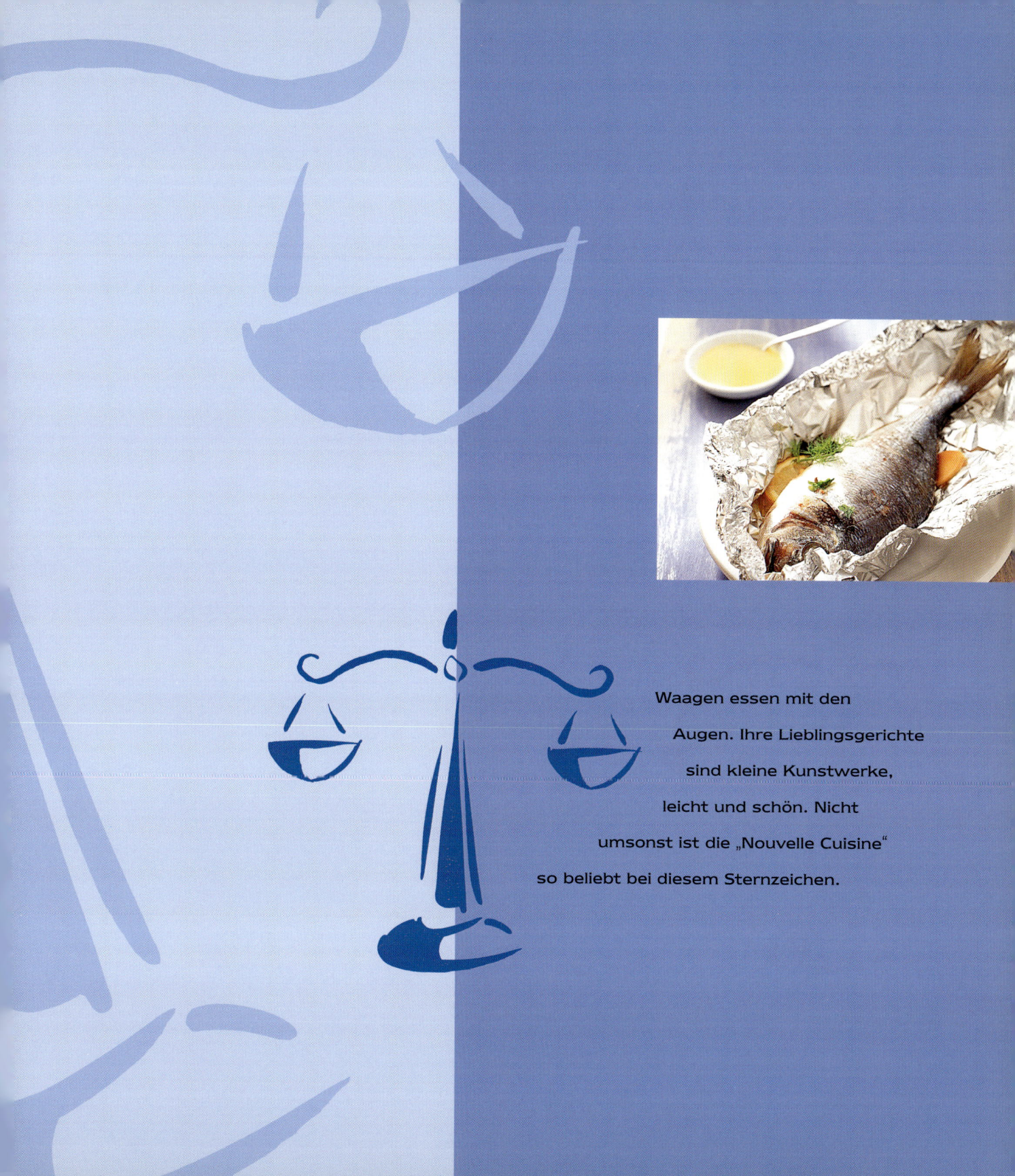

Waagen essen mit den
Augen. Ihre Lieblingsgerichte
sind kleine Kunstwerke,
leicht und schön. Nicht
umsonst ist die „Nouvelle Cuisine"
so beliebt bei diesem Sternzeichen.

Wie kocht
die Waage

Waagen sind Küchenstrategen. Bevor sie ihre Ärmel hochkrempeln und sich über ihre Kochtöpfe hermachen, was in der Regel eher selten vorkommt, werden sie zuerst einen genauen Plan entwickeln, was, wann, wie gemacht werden muss. Die Küche wird genau sondiert, alle erforderlichen Küchengeräte in Stellung gebracht, die Zwiebeln und der Knoblauch klein gehackt. Eine Waage überlässt nichts dem Zufall – nicht umsonst wurden unter diesem Sternzeichen die besten Feldherren geboren.

Waagen können schlecht alleine sein, brauchen deshalb auch beim Kochen die nötige Ansprache. Die Küche ist allerdings ein Parkett, auf dem sie gerne den anderen den Vortritt lassen. Knoblauch schälen oder Tomaten passieren: Alle Aufgaben teilen sie strategisch unter Freunden und Familienmitgliedern auf. Waagen sind wohl das einzige Sternzeichen, das in der Lage ist, sich gegen ein wunderbares Lächeln die Küchenarbeit von anderen machen zu lassen. Die beweglichste Waage kann manchmal ungeheuer faul sein!

Das Kücheninventar einer Waage könnte von Emil Nolde gemalt sein und wahrscheinlich hängt manches hier, was sie unter Umständen gar nicht zum Kochen benötigt. Sie liebt es, schöne Dinge einfach nur zu betrachten. Sie kocht immer auch fürs Auge, kleckern wird sie nie – weder in der Küche noch auf ihrer Kleidung. Gericht und Tischdecke sind farblich aufeinander abgestimmt, die Beilagen elegant auf den Teller drapiert. Ihre Kompositionen sind Kunst!

Ziegenkäsemousse
mit kleinem Salat

Für 4 Personen

Mousse:

2 Blatt Gelatine

120 g Ziegenquark
(ersatzweise Sahnequark)

150 g Ziegenfrischkäse

200 g Sahne

1 TL Akazienhonig

1/2 TL frische Rosmarin-
nadeln (sehr fein gehackt)

Salz · Pfeffer aus der Mühle

Salat:

2 EL grob gehackte Walnüsse

1/2 TL Puderzucker

250 g gemischte Blattsalate
(z. B. Eichblatt, Radicchio,
Frisée)

50 g Feldsalat

1 Schalotte

2 EL Rotweinessig

80 ml Gemüsebrühe

Salz · 1 Prise Zucker

4 EL Olivenöl

Pfeffer aus der Mühle

etwas alter Balsamicoessig

Mousse:

▸ Gelatine in kaltem Wasser einweichen. Ziegenquark und Ziegenfrischkäse mit 2 bis 3 Esslöffeln Sahne und dem Honig glatt rühren. Rosmarin dazugeben und mit etwas Salz und Pfeffer würzen. Die restliche Sahne halbsteif schlagen. Gelatine gut ausdrücken, in wenig heißem Wasser auflösen und mit der Ziegenkäsemasse mischen. Zuerst ein Drittel der Sahne vorsichtig unter die Mischung heben, dann die restliche Sahne unterziehen. Die Mousse zugedeckt für mindestens 2 Stunden kalt stellen.

Salat:

▸ Backofen auf 160 °C vorheizen. Die Walnüsse auf ein mit Backpapier ausgelegtes Backblech streuen, mit dem Puderzucker bestäuben und im vorgeheizten Ofen in 5 bis 8 Minuten hellbraun backen.

▸ Die Salate putzen, waschen, trockenschleudern und in mundgerechte Stücke zupfen. Für das Dressing die Schalotte schälen, in kleine Würfel schneiden und mit Rotweinessig, Brühe, etwas Salz, Zucker und dem Öl glatt rühren. Nochmals mit Salz abschmecken und mit Pfeffer würzen.

▸ Salatblätter mit reichlich Dressing mischen und auf 4 Tellern anrichten. Mithilfe eines Löffels kleine Nocken aus der Ziegenkäsemousse stechen. Dazu den Löffel immer wieder in heißes Wasser tauchen und je 2 Nocken neben den Salat setzen. Ziegenkäsenocken mit einigen Tropfen Balsamicoessig beträufeln und den Salat mit den karamellisierten Walnüssen bestreuen.

Seeteufelmedaillons
auf lauwarmem Linsensalat

Für 4 Personen

Linsensalat:
150 g Berglinsen
6 mittelgroße Tomaten
1 Zwiebel
1 EL Pflanzenöl
1 TL Tomatenmark
ca. 400 ml Geflügelbrühe
je 40 g kleine Knollensellerie-, Karotten- und Lauchwürfel
1 Prise getrockneter Majoran
1 TL scharfer Senf
1–2 EL Balsamicoessig
1 grob gehackte Knoblauchzehe
1–2 EL flüssige braune Butter
3 EL kräftiges Olivenöl
3 EL Salz
1 Prise Zucker
Pfeffer aus der Mühle
1 EL glatte Petersilie (grob gehackt)

Seeteufel:
500 g Seeteufelfilet
Salz · Pfeffer aus der Mühle
1–2 EL Öl

Linsensalat:

▶ Linsen über Nacht in Wasser einweichen, abgießen und abtropfen lassen. Den Stielansatz der Tomaten entfernen. Tomaten 20 Sekunden in kochendes Wasser tauchen, in kaltem Wasser abschrecken, häuten, vierteln und entkernen. Der Länge nach in dünne Streifen schneiden.

▶ Die Zwiebel schälen, in kleine Würfel schneiden und in einem Topf bei milder Hitze im Öl glasig dünsten. Die Linsen hinzufügen, das Tomatenmark hineinrühren, kurz mitschwitzen lassen und mit der Brühe aufgießen. Etwa 40 Minuten bei milder Hitze köcheln lassen, bis die Linsen weich sind, aber noch Biss haben. Falls zu viel Flüssigkeit verdampft ist, noch etwas Brühe dazugeben. Nach 30 Minuten die Gemüsewürfel hineinrühren und mit Majoran würzen. Die fertig gegarten Linsen auf einem Sieb abgießen und den Sud dabei auffangen.

▶ Linsensud, Senf, Essig, Knoblauch, braune Butter und Olivenöl mit einem Stabmixer aufschlagen und die Marinade mit Salz, Zucker und Pfeffer abschmecken. Linsen, Tomatenwürfel und Petersilie mit reichlich Marinade mischen, nochmals abschmecken und leicht abkühlen lassen.

Seeteufel:

▶ Seeteufelfilet in 2 cm dicke Medaillons schneiden und mit der Hand leicht flach drücken. Mit Salz und Pfeffer würzen und in einer Pfanne bei mittlerer Hitze im Öl von beiden Seiten in insgesamt 4 bis 5 Minuten hellbraun braten.

▶ Den lauwarmen Linsensalat mit den Seeteufelmedaillons servieren und nach Geschmack mit noch etwas übrig gebliebener Marinade beträufeln.

Dorade
in der Folie

Für 4 Personen

4 ganze Doraden

Salz · Pfeffer aus der Mühle

4 EL Olivenöl

30 g Butter

4 Scheiben frischer Ingwer

4 Scheiben Knoblauch

4 Scheiben unbehandelte
Zitrone

4 Lorbeerblätter

einige Petersilienblätter

4 kleine Zweige Fenchelkraut
(ersatzweise Dill)

▶ Von den Doraden die Kiemen und Flossen entfernen. Die Fische innen und außen gründlich waschen, trockentupfen und mit Salz und Pfeffer würzen.

▶ Den Backofen auf 180 °C vorheizen.

▶ 4 entsprechend große Stücke Alufolie mit Olivenöl bestreichen und mit Butterflöckchen belegen. Auf jedes Stück Folie 1 Fisch legen. Ingwer, Knoblauch, Zitronenscheiben, Lorbeer, Petersilienblätter und Fenchelkraut oder Dill in die Bauchhöhlen und über die Fische verteilen. Die Folie darüber zusammenfalten.

▶ Die Doraden im vorgeheizten Ofen etwa 25 Minuten garen. Die Fische sind fertig gegart, wenn sich das Fischfleisch in der Mitte mithilfe eines Messerrückens leicht von den Gräten lösen lässt. Dazu passt eine Weißweinsauce.

Schuhbecks Tipp:

Weißweinsauce: 1 Schalotte in kleine Würfel schneiden. Etwas Puderzucker in einer Pfanne karamellisieren, Schalotte dazugeben. 150 ml Weißwein und 4 cl Portwein dazugießen, auf ein Drittel reduzieren lassen. 100 g Butter in Stückchen unter Rühren hinzufügen, bis eine gebundene Sauce entsteht. Mit Salz und Pfeffer würzen.

Tischgespräch mit einer Waage

Waagen sind freundliche Gesprächspartner, die sich für Politik, Kunst und Kultur interessieren. Werden Sie nie zu direkt oder emotional, sonst wird sich die Waage mit ihrem freundlichsten Lächeln zurückziehen. Andererseits sind diese Diplomaten bestens geeignet für alle Streitgesprache oder schwierigen Gästekonstellationen. Die Waage schafft als einziges Sternzeichen das Kunststück, mit drei eifersüchtigen Ex-Partnern gemeinsam essen zu gehen, und alle werden danach miteinander versöhnt sein.

Kleine Rinderrouladen
mit Herbsttrompeten

Für 4 Personen
Füllung:

5–8 g getrocknete Herbsttrompeten (Totentrompeten)
je 1 EL kleine Karotten-, Zwiebel- und Knollenselleriewürfel
Salz
300 g Kalbsbrät · 3 EL Sahne
1 Msp abgeriebene unbehandelte Zitronenschale
1 Prise getrockneter Majoran
1 EL glatte Petersilie (grob gehackt)
Pfeffer aus der Mühle
frisch geriebene Muskatnuss

Rouladen:

10 dünne Scheiben Rinderlende (à 50 g)
Salz · Pfeffer aus der Mühle
1 mittelgroße Zwiebel
120 g Knollensellerie
1 Karotte · 1 EL Olivenöl
150 ml Rotwein
1 TL Tomatenmark
$1/4$ l Geflügelbrühe
1 Lorbeerblatt
$1/2$ Knoblauchzehe
1 Scheibe frischer Ingwer
1 Streifen unbehandelte Zitronenschale

Füllung:

▶ Die Pilze in Wasser einige Minuten kochen, auf einem Sieb abtropfen und auskühlen lassen, anschließend klein hacken. Die Gemüsewürfel in Salzwasser bissfest kochen, in kaltem Wasser abschrecken und auf einem Sieb abtropfen lassen.

▶ Das Kalbsbrät mit der Sahne glatt rühren. Pilze, Gemüsewürfel, Zitronenschale, Majoran und Petersilie hineinrühren. Die Füllung mit Salz, Pfeffer und Muskatnuss abschmecken.

Rouladen:

▶ Die Rindfleischscheiben halbieren und zwischen zwei Lagen eingeölter Frischhaltefolie mit der flachen Seite eines Schnitzelklopfers leicht flach klopfen. Mit Salz und Pfeffer würzen, das Brät darauf streichen, dabei einen Rand frei lassen. Die Längsseiten der Rouladen etwas einschlagen und das Fleisch von der schmalen Seite her aufrollen, mit Holz- oder Rouladenspießen feststecken.

▶ Das Gemüse schälen und in etwa $1/2$ cm große Würfel schneiden. Die Rouladen in einer Pfanne bei milder Hitze im Olivenöl rundherum anbraten und wieder herausnehmen. Den Rotwein in die Pfanne gießen, sirupartig reduzieren lassen und das Tomatenmark hineinrühren. Die Brühe dazugießen, das Gemüse und das Lorbeerblatt hinzufügen und alles 30 Minuten leise köcheln lassen.

▶ Die Rouladen wieder in die Pfanne legen. Knoblauch, Ingwer und Zitronenschale dazugeben und 8 bis 10 Minuten in der Sauce ziehen lassen. Die Sauce durch ein Sieb passieren, die Gewürze dabei wieder entfernen.

▶ Rouladen aus der Sauce nehmen und die Spieße entfernen. Die Rinderrouladen auf vorgewärmten Tellern mit der Schmorsauce anrichten und servieren.

Tellerfleisch
auf Wurzelpüree mit Meerrettich

Für 4 Personen
Tellerfleisch:

1,2 kg Rinderbrust
Salz · Pfeffer aus der Mühle
2 EL Öl

Wurzelpüree:

3 Zwiebeln
300 g Knollensellerie
200 g Karotten
200 g Petersilienwurzel
1 Lorbeerblatt
1 Knoblauchzehe
3 Wacholderbeeren
1 mittelscharfe Chilischote
80 g Sahne
1 EL Sahnemeerrettich
30 g kalte Butter
Salz · Cayennepfeffer
frisch geriebene Muskatnuss
frischer Meerrettich
1 EL Schnittlauchröllchen

Tellerfleisch:

▶ Den Tafelspitz salzen und pfeffern und bei mittlerer Hitze in einer Pfanne im Öl rundherum anbraten. Mit so viel Wasser auffüllen, dass das Fleisch gut bedeckt ist. Bei milder Hitze 3 Stunden mehr ziehen als köcheln lassen. Den dabei aufsteigenden Schaum abschöpfen.

Wurzelpüree:

▶ 1 Zwiebel ungeschält halbieren und die Schnittflächen in einer Pfanne ohne Fett dunkel bräunen. Sellerie, Karotten, Petersilienwurzeln und die übrigen Zwiebeln schälen und alles in nicht zu große Stücke schneiden. Gemüse, Lorbeer, Knoblauch, Wacholder und Chilischote 30 Minuten vor Garzeitende zum Fleisch geben.

▶ Das weich gekochte Gemüse aus der Brühe nehmen und mit der Sahne in einem Mixer pürieren. Den Sahnemeerrettich mit der Butter dazugeben und unterrühren. Das Wurzelpüree mit Salz, Cayennepfeffer und geriebener Muskatnuss abschmecken.

▶ Den Meerrettich schälen. Das Fleisch aus der Brühe nehmen, in Scheiben schneiden und auf vorgewärmte Teller legen. Das Wurzelpüree daneben anrichten und etwas frischen Meerrettich darüber raspeln. Mit den Schnittlauchröllchen bestreuen.

Schuhbecks Tipp:
Möchte man ein etwas geschmeidigeres Püree, kann man zusätzlich zum Gemüse noch 1 klein geschnittene Kartoffel mitkochen.

Herbstliches Früchteragout
mit knusprigen Kürbiskernen

Für 4 Personen

Kürbiskerne:

1/2 Eiweiß

50 g Zucker

1 Msp gemahlener Zimt

1 Msp frisch gemahlener
Kardamom

140 g Kürbiskerne

Ragout:

2 kleine Äpfel

150 g Muskatkürbisfleisch

200 g Zwetschgen

100 g kernlose Trauben

1/2 TL Puderzucker

2 cl Zwetschgenwasser
(ersatzweise Calvados)

80 ml weißer Traubensaft

2 Zacken Sternanis

2 cm Zimtrinde

1 halbierte Vanilleschote

1 Streifen unbehandelte
Orangenschale

1 EL Akazienhonig

30 g Butter

einige Tropfen Zitronensaft

Vanille- oder Mandeleis

Kürbiskerne:

▸ Den Backofen auf 180 °C vorheizen.

▸ Eiweiß halbsteif schlagen. Zucker hineinrieseln lassen
und noch kurz weiterschlagen. Zimt, Kardamom und Kürbiskerne gut mit dem Eiweiß vermischen und auf ein mit
Backpapier ausgelegtes Blech streichen. Im vorgeheizten
Ofen 10 Minuten hellbraun backen, durchrühren, um die
Kerne voneinander zu lösen, und 2 bis 3 Minuten weiter-
backen. Aus dem Ofen nehmen, abkühlen lassen und wenn
nötig, nochmals auseinander brechen. Die Kürbiskerne
halten sich luftdicht verschlossen bis zu 1 Woche.

Ragout:

▸ Äpfel waschen, vierteln, entkernen und in gleich große
Spalten schneiden. Kürbisfleisch in 1/2 bis 1 cm große Würfel schneiden. Zwetschgen waschen, entsteinen und je
nach Größe vierteln. Trauben waschen und halbieren.

▸ Puderzucker in einer Pfanne bei mittlerer Hitze karamellisieren lassen. Äpfel, Kürbis und Zwetschgen dazugeben,
kurz anschwitzen und mit Zwetschgenwasser oder Calvados und Traubensaft ablöschen. Sternanis, Zimtrinde, Vanilleschote und Orangenschale hinzufügen und das Ganze
gut 5 bis 8 Minuten bei milder Hitze schmoren lassen. Trauben hinzufügen und kurz weiterschmoren, bis das Obst
weich ist. Die Gewürze wieder entfernen. Honig und Butter
im Ragout schmelzen lassen. Mit Zitronensaft und Honig
abschmecken. Leicht abkühlen lassen.

▸ Das lauwarme Ragout mit Kürbiskernen bestreuen und
mit Vanille- oder Mandeleis servieren.

Eher keine Gäste für Waagen

*Zwischen Waagen und Stein-
böcken sprießen die Miss-
verständnisse. Spätestens
wenn der Steinbock die
Waage auf die nächste Einladung festnageln will, ist der
Abend gelaufen.*

*Für ein Abendessen werden
Widder und Waagen sich vielleicht lieben, aber an zu vielen gemeinsamen Mahlzeiten
„ersticken".*

*Krebse und Waagen sind wie
Wasser und Luft. Gemein-
same Gefühle finden bei diesem Essen nicht statt.*

Weißweinbirne
mit Zimtsabayon

Für 4 Personen
Weißweinbirne:
4 feste, reife Williamsbirnen
600 ml Weißwein
200 ml Wasser
200 g Zucker
Saft von $1/2$ Zitrone
3 cm Zimtrinde
$1/2$ aufgeschlitzte Vanilleschote
1 Streifen unbehandelte
Zitronenschale
1 Scheibe frischer Ingwer

Sabayon:
3 Eigelb
2 EL halbsteif geschlagene
Sahne

Weißweinbirne:
▶ Die Birnen schälen und das Kerngehäuse mit einem Ku-
gelausstecher von der Blütenseite her entfernen. Weißwein,
Wasser, Zucker, Zitronensaft, Zimtrinde, Vanilleschote, Zitronenschale und Ingwer in einen Topf geben und einmal aufkochen lassen.
▶ Birnen hineingeben und je nach Reifegrad 5 bis 10 Minuten darin köcheln lassen. Den Topf vom Herd ziehen, zu-
decken und die Birnen darin auskühlen lassen. Herausnehmen und abtropfen lassen. Den Sud durch ein Sieb gießen.

Sabayon:
▶ Eigelb und 180 ml Sud im Wasserbad mit einem Schneebesen so lange schlagen, bis ein feinporiger, fester Schaum
entstanden ist. Zum Schluss die halbsteif geschlagene
Sahne unterziehen. Falls der Sud zu wenig nach Zimt
schmeckt, noch etwas gemahlenen Zimt hinzufügen.
▶ Die Birnen auf Teller setzen und mit dem Zimtsabayon
überziehen.

Die Waage
als Gastgeber

Waage-Gastgeber sind hinreißend charmant, Kavaliere der „alten Schule". Hier wird Ihnen jede Tür aufgehalten, aus dem Mantel herausgeholfen und der Stuhl zurechtgerückt. Waagen bewegen sich auf jedem Parkett mit stiller, unaufdringlicher Eleganz, das gilt vor allem in ihren eigenen vier Wänden. Ein Besuch bei diesem Sternzeichen erinnert an einen Feiertagsausflug in eine Kunstgalerie. Das liegt daran, dass Waagen meist schön eingerichtet und auch selbst „schön" anzusehen sind.

Deshalb sollten Sie auch auf Ihre Kleidung achten, wenn Sie bei einer Waage eingeladen sind. Keiner wird Ihr neues Chanel-Kostüm so bewundern wie dieses Sternzeichen. Ihre Waage-Gastgeber achten auch sehr auf Formen und kleine Aufmerksamkeiten, die das Leben angenehmer machen. Sie bekommen sofort einen Aperitif serviert, werden den ganzen Abend unaufdringlich begleitet und höflich nach dem Befinden Ihrer Familienmitglieder befragt.

Eine Waage wird es Ihnen nicht übel nehmen, wenn Sie zu spät kommen, und sicher nur selten „nein" sagen, wenn Sie höflich fragen, ob Sie einen Freund zur Einladung mitbringen können. Der Waage-Gastgeber ist immer um Ausgleich bemüht. Für Geschäftsessen ist dieses Sternzeichen deshalb hervorragend geeignet – mit einem entwaffnenden Lächeln werden alle Anwesenden im Laufe eines Abends unmerklich von der Waage überredet.

Was schmeckt
dem Skorpion

Ihr Freund oder Ihre Freundin hat eine Vorliebe für Schmor-
gurken, isst gerne Butter pur und es gelüstet ihn oder sie
manchmal nach Nudeln mit Zucker? Dann handelt es sich
vermutlich um einen Skorpion. Vertreter dieses Sternzeichens haben oft einen Essens-Tick und eine genaue Vorstellung davon, wie etwas zubereitet sein soll und schmecken
muss. Ein Fisch sollte nach dem Kochvorgang noch aussehen wie ein Fisch, die Form der Speisen erhalten bleiben.
Ihrem Skorpion servieren Sie am besten etwas Einfaches
oder geheimnisvoll Gewürztes. Sein Lieblingsgericht hat
Charakter, ist nicht leicht und gefällig, der Geschmack darf
intensiv und kräftig sein. Er mag Wildgeflügel, Fisch, süß-
saure Speisen, Miesmuscheln, Pilze, „vergessene Gemüse"
wie Schwarzwurzeln und alchimistische Eintöpfe. Er bevorzugt traditionelle Hausmannskost, Kuchen, Bitterschokolade oder Hochprozentiges zum Nachtisch. Dieses Wasserzeichen trinkt gerne: kräftigen Rotwein, Bier oder Kräutertees.

Skorpione haben eigenwillige und
seltsame Vorstellungen von gutem
Essen und sie haben gerne
Macht – das gilt auch beim Kochen.
Diesem Sternzeichen geht es
um alles oder nichts.

Wie kocht
der Skorpion

Skorpione werden ihren großen Ehrgeiz in der Regel auf anderen Gebieten als beim Kochen entfalten. Aber sie spielen gern die graue Eminenz der Küche, diejenigen, die neben dem Koch stehen und ihm ins Ohr flüstern, wie er sein Gericht zu kochen hat. Skorpione gefallen sich in der Rolle des Provokateurs, der Schwachstellen aufdeckt und Tabus durchbricht. Genauso kochen sie auch. Schon die Farben auf dem Teller könnten provozieren. Der Geschmack genauso.

Kochbücher braucht ein Skorpion selten zu seinem Glück, er weiß schließlich selbst, was er will und wie er es will. Wenn er ein Kochbuch verwendet, dann am ehesten das seiner verstorbenen Großmutter oder eines Autors, an den sich niemand mehr erinnert. Alte Gerichte neu entdecken – ein Hobby der Skorpion-Köche. Sie machen beim Kochen keine Kompromisse und regieren sehr eigensinnig über ihre Töpfe. Nach außen hin wirken sie zwar völlig gelassen, aber in ihrem Innersten brodelt ein Vulkan. Aber wenn sie sich einmal ein Ziel gesetzt haben, werden sie es sicher auch erreichen.

Die biologische und chemische Zusammensetzung des Essens wird dieses Sternzeichen besonders interessieren. Wo liegt der Gelierpunkt der Marmelade, wann wird etwas schlecht? Seltene Kräuter und Gewürze und ihre Wirkungsweise faszinieren Skorpione. Ihre Küche gleicht ein wenig der Hexenküche aus dem Märchen. Oft haben sie sogar einen kleinen Giftschrank, in dem sie geheimnisvolle Kräuter, Öle und Essenzen aufbewahren.

Glasierte Entenleber
mit Granatapfel

Für 4 Personen

1 EL Rosinen

4 cl halbtrockner Sherry

1/4 Granatapfel

350 g Entenleber (ersatzweise Gänse- oder Hühnerleber)

Salz

Pfeffer aus der Mühle

1 TL Öl

1 TL Puderzucker

2 EL Sherryessig

50 ml frisch gepresster Orangensaft

1 EL Kapern (eingelegt)

1 Msp getrockneter Majoran

30 g Butter

▶ Rosinen heiß waschen und für mindestens 2 Stunden im Sherry einweichen. Die Kerne aus dem Granatapfel lösen.

▶ Die Lebern sorgfältig säubern, salzen und pfeffern. In einer Pfanne bei mittlerer Hitze im Öl von allen Seiten 2 bis 3 Minuten braten, sodass sie innen noch rosa sind. Aus der Pfanne nehmen und warm halten.

▶ Rosinen auf einem Sieb abtropfen lassen, Sherry dabei auffangen. Puderzucker in die noch heiße Pfanne stäuben, karamellisieren lassen, mit Essig und Sherry ablöschen. Den Orangensaft dazugeben und leicht reduzieren lassen. Grantapfelkerne, Kapern, Rosinen und Majoran hinzufügen, erwärmen und die Butter darin schmelzen lassen.

▶ Entenlebern wieder in die Pfanne geben und gut durchschwenken, sodass sie mit der Sauce glasiert sind. Mit Salz und Pfeffer abschmecken und sofort servieren.

▶ Dazu passt gut ein kleiner gemischter Salat oder ein Feldsalat.

Skorpione essen gerne einfach und doch ein wenig geheimnisvoll! Diese Entenleber entfacht ihre Leidenschaft.

Schwarzwurzel-Lauch-Salat
mit Bresaola

Für 4 Personen
Salat:
800 g Schwarzwurzeln
2 EL Öl
125 ml Weißwein
150 ml Gemüsebrühe
je 1 Streifen unbehandelte
Zitronen- und Orangenschale
Salz · Cayennepfeffer
2 Stangen Lauch
(der weiße Teil)
125 g dünne Scheiben
Bresaola

Dressing:
2 EL Weißweinessig
2 cl Cognac
1 TL scharfer Senf
1 Prise Zucker · Salz
4 EL Öl · Cayennepfeffer
1 TL grüne Pfefferkörner
(eingelegt)
1 EL glatte Petersilie
(grob gehackt)
2 EL Parmesanspäne

Salat:
▸ Schwarzwurzeln unter fließendem Wasser abbürsten,
mit einem Spargelschäler schälen und schräg in knapp
$1/2$ cm breite Scheiben schneiden. Am besten mit Einweg-
handschuhen arbeiten, um zu vermeiden, dass sich die
Hände schwarz verfärben.
▸ Die Schwarzwurzeln in einem breiten Topf im Öl bei mittlerer Hitze 2 bis 3 Minuten anschwitzen, mit Weißwein
ablöschen. Den Wein sirupartig reduzieren lassen, mit der
Gemüsebrühe aufgießen, Zitrusschalen hinzufügen und die
Schwarzwurzeln bei milder Hitze weich dünsten. Mit Salz
und Cayennepfeffer würzen, abgießen, den Sud dabei auffangen und die Schwarzwurzeln leicht auskühlen lassen.
▸ Lauch putzen, vierteln, waschen und in 3 bis 4 cm lange
Stifte schneiden. Lauchstreifen in kochendem Salzwasser
bissfest blanchieren, abschrecken, abgießen und trockentupfen. Die Bresaolascheiben halbieren und kleine Tütchen
daraus drehen.

Dressing:
▸ 125 ml Schwarzwurzelsud mit Weißweinessig, Cognac,
Senf, Zucker, 1 Prise Salz und dem Öl schaumig aufschlagen. Mit Cayennepfeffer abschmecken und zum Schluss
grünen Pfeffer und Petersilie untermischen.
▸ Schwarzwurzeln und Lauch mit reichlich Dressing vermischen, auf 4 Teller verteilen und mit den Bresaolascheiben
und Parmesanspänen garnieren. Nach Geschmack noch
mit etwas Dressing beträufeln.

Schuhbecks Tipp:
*Bresaola ist ein gepökeltes, an der Luft
getrocknetes, mageres Rindfleisch.
Ursprünglich kommt es aus dem Veltlin.
Ersatzweise eignet sich eine gute Salami.*

Miesmuscheln
im Anissud

Für 4 Personen

Anissud:

$^1/_2$ Zwiebel

1 Karotte

1 Stange Staudensellerie

$^1/_2$ kleine Fenchelknolle

1 TL Puderzucker

4 cl Anislikör (z. B. Pernod)

80 ml Weißwein

$^1/_4$ l Gemüsebrühe

1 Lorbeerblatt

1 geschälte Knoblauchzehe

5 schwarze Pfefferkörner

einige Safranfäden

1 Streifen unbehandelte Zitronenschale

30 g kalte Butter

Salz

Cayennepfeffer

Muscheln:

2 kg Miesmuscheln

Salz

1 EL glatte Petersilie (grob gehackt)

Anissud:

▸ Zwiebel und Karotte schälen. Die Zwiebel halbieren und quer in dünne Streifen schneiden, die Karotte längs halbieren und schräg in dünne Scheiben schneiden. Selleriestange und Fenchel putzen und waschen, den Fenchel vierteln und quer in dünne Streifen schneiden, den Sellerie schräg in dünne Scheiben schneiden.

▸ In einem Topf bei milder Hitze den Puderzucker karamellisieren lassen, das Gemüse darin anschwitzen. Mit Anislikör und Weißwein ablöschen, auf die Hälfte reduzieren lassen, mit der Brühe aufgießen und Lorbeer, Knoblauch, Pfefferkörner, Safran und Zitronenschale hinzufügen. Das Gemüse 15 Minuten mehr ziehen als köcheln lassen.

▸ Den Sud durch ein Sieb gießen und die Gewürze dabei entfernen. Die Butter in kleinen Stückchen zum Sud geben und durchmixen. Mit Salz, Cayennepfeffer und je nach Geschmack noch mit etwas Anislikör abschmecken. Gemüse wieder in den Sud geben.

Muscheln:

▸ Die Muscheln gründlich waschen und abbürsten, geöffnete Exemplare dabei aussortieren.

▸ In einem Topf etwas Salzwasser erhitzen, die Muscheln hineingeben und zugedeckt garen, bis sie sich öffnen. Mit einer Schaumkelle herausnehmen, geschlossene Muscheln dabei entfernen. Muscheln in den Anis-Gemüse-Sud geben und mit frischer Petersilie bestreut servieren.

Schuhbecks Tipp:
Für einen Eintopf $^3/_4$ l Brühe verwenden, 400 g Kartoffeln in kleinen Würfeln mitkochen und die Muscheln ausgelöst zum Schluss hinzufügen.

Rund um den Skorpion-Tisch

Ein Skorpion achtet nicht genau darauf, ob sein Teller einen Sprung hat. Für ihn wäre das höchstens dann interessant, wenn Sie vorgeben, einen besonders gepflegten Haushalt zu haben. Skorpione lieben einen extravaganten, gehobenen Stil, vielleicht einen rot, grün oder blau schillernden Tisch. Grundsätzlich lieben sie eine dunklere Dekoration und Beleuchtung: Mystisches Kerzenlicht und eine individuelle, geheimnisvolle Atmosphäre gehören für dieses Sternzeichen zum Genuss.

Barbarie-Entenbrust
mit Gewürzhonig und Feigen-Blaukraut

Für 4 Personen
Blaukraut:

1–1,2 kg Rotkohl
1 säuerlicher Apfel
Salz
100 ml Rotweinessig
1/2 kleine Zwiebel
1 Lorbeerblatt · 2 Nelken
2 TL Puderzucker
200 ml Rotwein
125 ml Gemüsebrühe
2 EL Preiselbeeren
(aus dem Glas)
4 cm Zimtrinde
6–7 getrocknete Feigen
20 g Butter · 1 Prise Zucker

Barbarie-Entenbrust:

1 TL Szechuanpfeffer
1 TL Korianderkörner
1/2 TL Kardamomkörner
75 g Akazienhonig
1 TL Sojasauce
1 EL trockner Sherry
1 Scheibe frischer Ingwer
2–4 Barbarie-Entenbrüste
(insgesamt ca. 700 g)
Salz · Pfeffer aus der Mühle
2 EL Öl

Blaukraut:

▶ Den Rotkohl halbieren, den Strunk entfernen und den Kohl in feine Streifen hobeln. Apfel schälen, entkernen und fein reiben. Rotkohl mit Apfelraspeln, etwas Salz und Rotweinessig mischen und etwa 2 Stunden marinieren.
▶ Zwiebel schälen und mit Lorbeerblatt und Nelken spicken. Puderzucker in einem Topf bei mittlerer Hitze kara-mellisieren lassen. Blaukraut mit Flüssigkeit hinzufügen, kurz anschwitzen, Rotwein, Brühe, gespickte Zwiebel und Preiselbeeren dazugeben und zugedeckt bei milder Hitze in etwa 1 1/2 Stunden weich dünsten. Dabei immer wieder umrühren. Nach 1 Stunde den Zimt dazugeben. Die Feigen halbieren, in gleich große Spalten schneiden und 10 Minu-ten vor Garzeitende unter das Kraut mischen. Zum Schluss gespickte Zwiebel und Zimt entfernen, Butter dazugeben und schmelzen lassen. Mit Salz und Zucker abschmecken.

Barbarie-Entenbrust:

▶ Szechuanpfeffer, Koriander- und Kardamomkörner grob mahlen und mit Honig, Sojasauce und Sherry glatt rühren. Ingwer hineinlegen und ein paar Stunden im Honig ziehen lassen, dann wieder entfernen.
▶ Backofen auf 120 °C vorheizen. Die Entenbrüste von Seh-nen befreien. Die Fettschicht rautenförmig einschneiden. Entenbrüste salzen und leicht pfeffern, in einer Pfanne bei mittlerer Hitze im Öl auf der Fettseite in 4 bis 5 Minuten goldbraun braten. Wenden und kurz weiterbraten. Auf ein Ofengitter mit untergelegtem Abtropfblech legen, mit reich-lich Gewürzhonig bestreichen und im Ofen auf der mittle-ren Einschubleiste in etwa 15 Minuten rosa garen. Dabei immer wieder mit Honig bestreichen. Zum Schluss den Grill dazuschalten und die Fettschicht bei leicht geöffneter Ofentür kross werden lassen. Die Entenbrüste in Scheiben schneiden und mit Blaukraut anrichten.

Gedämpfter Kabeljau
auf grüner Meerrettich-Kartoffel-Sauce

Für 4 Personen

Sauce:

1 Kartoffel (ca. 150 g)
1 Stange Lauch
(der weiße Teil)
1 EL Öl · 1/2 l Gemüsebrühe
1 mittelscharfe Chilischote
1/2 Lorbeerblatt
1 ungeschälte Knoblauchzehe
50 g Sahne · 30 g kalte Butter
1/4 TL japanischer grüner
Meerrettich (Wasabi)
Salz

Fisch:

4 Kabeljaufilets (mit Haut,
ohne Gräten; à 150 g)
Salz · Pfeffer aus der Mühle
1–2 EL Öl
1 Stängel Zitronengras
2 Streifen unbehandelte
Limettenschale
2 Zacken Sternanis

Sauce:

▸ Die Kartoffel schälen, den Lauch putzen, waschen und trockenschleudern und beides klein schneiden. Das Gemüse in einem Topf im Öl bei mittlerer Hitze anschwitzen, mit der Gemüsebrühe auffüllen. Die Chilischote halbieren, entkernen und mit Lorbeer und Knoblauch hinzufügen. Das Gemüse in etwa 15 Minuten weich köcheln. Gewürze entfernen, die Chilischote je nach Schärfe eventuell schon früher herausnehmen. Sahne, Butter und Meerrettich hinzufügen und mit einem Stabmixer schaumig aufschlagen. Mit Salz abschmecken.

Fisch:

▸ Die Kabeljaustücke salzen, pfeffern und in einer Pfanne bei mittlerer Hitze im Öl mit der Hautseite nach unten 1 bis 2 Minuten anbraten.

▸ Etwas Salzwasser in einem Topf mit passendem Dämpfeinsatz zum Köcheln bringen. Zitronengras, Limettenschale und Sternanis hineingeben. Dämpfeinsatz auf den Topf setzen, die Fischstücke mit der Hautseite nach oben auf das Gitter legen und den Kabeljau darin mit geschlossenem Deckel in etwa 3 bis 4 Minuten glasig dämpfen.

▸ Den Kabeljau mit der Sauce auf warmen Tellern anrichten. Dazu passen angebratene Spinatblätter oder gedämpftes Gemüse.

Schuhbecks Tipp:
Japanischer grüner Meerrettich (Wasabi) ist in Asienläden oder Feinkostgeschäften mit Asienabteilung erhältlich. Wasabi sparsam dosieren, da er sehr scharf ist.

Maronenkuchen
mit Schokolade

Für 1 Backform
(20 x 20 cm, 4 cm hoch)

120 g Bitterschokolade (mind.
60 % Schokoladenanteil)

120 g Butter

4 Eier

35 g Zucker

250 g gesüßtes Maronenpüree

Mark von 1 Vanilleschote

Salz

2 cl Rum oder Cognac

30 g Mehl (gesiebt)

Puderzucker zum Bestäuben

▶ Backofen auf 180 °C vorheizen. Die Backform mit Backpapier auslegen.
▶ Schokolade klein hacken und mit der Butter im heißen
Wasserbad schmelzen, gut verrühren.
▶ Eier trennen. Eigelb mit der Hälfte des Zuckers aufschlagen, bis die Masse hellgelb und schaumig ist. Maronenpüree, Vanillemark, Salz und Rum oder Cognac dazugeben
und glatt rühren. Die Schokoladenmischung unterrühren
und das Mehl unterheben.
▶ Eiweiß halbsteif schlagen, den restlichen Zucker hineinrieseln lassen und weiterschlagen, bis der Eischnee glänzt.
Ein Drittel des Eischnees vorsichtig unter den Teig ziehen,
dann den restlichen Eischnee unterheben. Den Teig in die
Backform gießen, glatt streichen und im vorgeheizten Ofen
gut 35 Minuten backen, bis die Seitenränder gebacken sind,
aber der Kuchen innen noch leicht feucht ist.
▶ Aus dem Ofen nehmen, vollkommen auskühlen lassen,
aus der Form stürzen, in 4 bis 5 cm große Würfel schneiden
und mit Puderzucker bestäuben.

Schuhbecks Tipp:
Am besten schmecken die Kuchen-
würfel, wenn sie 1 Tag im Voraus
gebacken werden. Außerdem passt
die Rumsahne von Seite 53 gut dazu.

Eher keine Gäste
für Skorpione

*Skorpione und **Löwen**, das*
gibt einen Nato-Großeinsatz
in der Küche. Beide sollten
vor dem gemeinsamen
Abendessen vorsichtshalber
ihre Hausratversicherung
überprüfen.

*Skorpione und **Wassermän-***
***ner** sind wie saure Gurken*
und Kaffee. Keine gemein-
same Geschmacksrichtung.

*Trifft ein **Stier** auf einen*
Skorpion, wird das selten mit
einer gesunden Mahlzeit
enden. In der Regel verdirbt
sich der Stier dabei den
Magen.

Calvadosparfait
mit Apfel-Karamell-Sauce

Für 8–10 Personen

Parfait:

4 EL Apfelsaft

125 g Zucker

400 g Sahne

4 Eigelb

1 Ei

1 Msp Vanillemark

6 cl Calvados

Sauce:

100 ml Weißwein

80 g Puderzucker

100 ml Apfelsaft

2 EL Zitronensaft

1/2 aufgeschlitzte Vanilleschote

50 g Butter

2 kleine rote Äpfel

Parfait:

▸ Apfelsaft mit 100 g Zucker in einem kleinen Topf verrühren und aufkochen lassen, sodass sich der Zucker auflöst.
▸ Die Sahne halbsteif schlagen. Eigelb, Ei, Vanillemark und
den restlichen Zucker zu einem hellen Schaum aufschlagen. Unter Rühren den Zuckersirup dazugeben und so
lange weiterschlagen, bis die Masse kalt ist. Den Calvados
hineinrühren und die Sahne unterheben.
▸ Eine Terrinenform (2 Liter Fassungsvermögen) mit
Frischhaltefolie auslegen und die Parfaitmasse hineinfüllen. Im Gefrierfach in mehreren Stunden gefrieren lassen.

Sauce:

▸ Weißwein erwärmen. In einem Topf Puderzucker bei milder Hitze karamellisieren lassen. Mit dem Wein ablöschen.
Apfel-, Zitronensaft und Vanilleschote dazugeben und
3 Minuten köcheln lassen. Dabei so lange rühren, bis sich
der Karamell gelöst hat. Vom Herd nehmen und 30 g Butter
in der Sauce schmelzen lassen.
▸ Die Äpfel waschen, vierteln, entkernen und in Spalten
schneiden. In einer Pfanne bei milder Hitze in der übrigen
Butter auf beiden Seiten hell anbraten und in die Karamell-
sauce legen. Das Parfait mithilfe der Folie aus der Form
stürzen, in Scheiben schneiden und mit der warmen Apfel-
Karamell-Sauce anrichten.

Der Skorpion

als Gastgeber

Wenn Sie Ihrem Skorpion-Gastgeber ein Kompliment machen wollen für seine tollen Kochkünste, werden Sie staunen: Ein anderes Sternzeichen würde vielleicht erröten oder sich höflich bedanken. Ein Skorpion wird keine Miene verziehen und todernst antworten: „Ich weiß." Er hat von allem eine so feste, klare Vorstellung, dass es ihn auch nicht mehr überraschen kann, wenn dann tatsächlich alles planmäßig eintrifft.

Eine falsche Ausrede, falls Sie zu spät gekommen sind: Der Skorpion-Gastgeber erkennt sofort, dass Sie gelogen haben. Vielleicht sollten Sie zu Hause vorsorglich etwas zu sich nehmen, denn Skorpione sind keine Gastgeber, die sich das Aufpäppeln Ihrer schmalen Rippen zur Lebensaufgabe machen würden. In ihrem Haushalt wird gespart, auch bei den Portionen. Erwarten Sie bei einem Skorpion-Abendessen also keine getrüffelten Wachteleier. Und es kann vorkommen, dass der Skorpion einem ungeliebten Gast aus Rache ein Gericht vorsetzt, dass dieser nicht mag.

Skorpione laden selten Gäste ein, ohne sich dabei etwas zu denken. Und sie legen größten Wert darauf, dass Sie sich für die Einladung revanchieren. Falls Ihr Skorpion-Gastgeber Nichtraucher ist und Sie ihn beeindrucken wollen, betonen Sie, dass Sie sich eigens für sein Essen das Rauchen abgewöhnt haben: Menschen, die freiwillig Entbehrungen auf sich nehmen, imponieren ihm.

Was schmeckt
dem Schützen

Sei es thailändisch, chinesisch, balinesisch oder mexikanisch, Sushi oder indisch – das Lieblingsessen der Schützen stammt selten aus seiner Heimat. Diese vielseitigen Genießer essen zwar auch gerne traditionelle Fleischgerichte wie Braten, Wild oder Ragout, aber die größte Freude machen Sie ihm mit einem ungewöhnlich gewürzten oder fremdländischen Gericht. Sie lieben scharfe und exotische Kost. Chili ist deshalb eines ihrer Lieblingsgerichte. Die Alligatorbirne (Avocado) ist ideal für dieses angriffslustige Sternzeichen. Der Schütze ist meist sehr sportlich und braucht deshalb viel Brennstoff: Wenn er nicht gerade fastet, bekennender Buddhist oder Vegetarier ist, schmecken ihm vor allem Fleisch, kräftiger Meeresfisch ohne Gräten und exotische Früchte, Nüsse und Cremes als Nachtisch. Es kann sein, dass Ihr Schütze aus Überzeugung gar keinen Alkohol oder aber sogar recht viel trinkt: Exportbier, einen temperamentvollen Rotwein, ein spritziges Mineralwasser oder einen exotischen Cocktail.

Schützen fliegen beim Essen
um die Welt: Ihrem Geschmack
sind wenig Grenzen gesetzt,
ihre Küche ist kosmopolitisch.

Wie kocht
der Schütze

Unter diesem Sternzeichen wird nicht einfach nur ein Rezept gekocht, sondern gleich eine ganze Weltanschauung in die Töpfe gezaubert. Schützen wollen in die Ferne schweifen: Deshalb haben viele von ihnen schon einmal einen Kochkurs im Ausland besucht und verwöhnen ihre Gäste gerne mit exotischen Gerichten. Dieses großzügige, lebensfreudige Sternzeichen hat Probleme, beim Kochen wie beim Essen Maß zu halten. Ein Schütze-Essen kann deshalb leicht ausufern und statt vier Personen sogar acht ernähren.

In der Küche braucht dieses Sternzeichen vor allem viel Bewegungsfreiheit. Nur wenn der Schütze den nötigen Platz hat, zwischen seinen Kochtöpfen und Schränken hin- und herzurennen, kann er auch sein sportliches Temperament ins Essen einfließen lassen. Es heißt, von einem Schützen sei das erste Feuerzeug erfunden worden, und das bestätigt sich auch am Herd. Schützen sind feurige Köche: Wenn sie sich einmal die Schürze umgebunden haben, sind sie mit großer Begeisterung dabei und dank ihrer Vorliebe für Geschwindigkeit auch in Bestzeit fertig.

Der Pferdefuß bei der Schütze-Küche liegt in der Regel im Detail. Sie setzen sich auch in der Küche hohe Ziele, denn sie brauchen eine Herausforderung. Deshalb sind Schützen beim Kochen experimentierfreudig, taugen aber eher für den großen Wurf als fürs geduldige Knoblauchschälen. Da sie über natürliche Autorität verfügen, finden sie leicht eine Küchenhilfe, die ihnen solche lästigen Geduldsarbeiten abnimmt.

Thunfischcarpaccio
mit Limettenrahm

Für 4 Personen

Limettenrahm:

100 g Crème fraîche
1 TL Limettensaft
4–5 EL Sahne
$1/2$ TL abgeriebene unbehandelte Limettenschale
2 EL mildes Olivenöl
Salz · Cayennepfeffer
1 Prise chinesisches Fünfgewürzpulver

Carpaccio:

600 g roter Thunfisch (Sushi-Qualität)
3 EL mildes Olivenöl
etwas Zitronensaft
Meersalz aus der Mühle
Pfeffer aus der Mühle
einige Basilikumblätter

Limettenrahm:

▶ Die Crème fraîche mit Limettensaft und so viel Sahne verrühren, dass eine glatte, feste Creme entsteht. Die Limettenschale hinzufügen, das Olivenöl unter Rühren dazufließen lassen und den Limettenrahm mit Salz, Cayennepfeffer und Fünfgewürzpulver abschmecken.

Carpaccio:

▶ Den Thunfisch mit einem scharfen Messer in möglichst dünne Scheiben schneiden und zwischen zwei Lagen mit Olivenöl bestrichener Frischhaltefolie mit der flachen Seite eines Schnitzelklopfers gleichmäßig dünn klopfen.

▶ 4 flache Teller mit etwas Olivenöl einpinseln, Zitronensaft darauf träufeln und etwas Meersalz und Pfeffer über die Teller mahlen. Die Thunfischscheiben vorsichtig aus der Folie lösen und leicht überlappend auf die Teller legen. Die Oberfläche ebenfalls mit Olivenöl einpinseln, mit Zitronensaft beträufeln, leicht salzen und pfeffern.

▶ Den Limettenrahm in einen Spritzbeutel mit kleiner Lochtülle füllen und den Rahm als feines Gitter auf das Thunfischcarpaccio spritzen. Mit den Basilikumblättern garnieren und sofort servieren.

Hackfleischbällchen
mit feuriger Avocado-Salsa

Rund um den Schütze-Tisch

Der Schütze-Tisch sollte eine große Tafel sein, an der viele Gäste Platz finden. Selten werden Sie einen Vertreter dieses Sternzeichens ohne Schmuck antreffen. Auch Ihr Tisch darf deshalb funkeln, glitzern und in Gold gedeckt sein, denn Schützen lieben dieses Edelmetall und tafeln gerne hochkarätig. Wählen Sie eher eine hohe Boden-vase, in der langstielige Exoten stehen, als zu viel necki-schen Kleinkram auf dem Tisch. Schützen brauchen Bewegungsfreiheit, vor allem für ihre Arme. Sie hassen es, still zu sitzen, und wenn sie richtig in Fahrt kommen, könnten sie beim Diskutieren mit großer Geste die Sau-ciere vom Tisch fegen. Ihr Schütze-Gast braucht Weite, deshalb sollten Sie ihn immer so setzen, dass sein Blick durch das Zimmer oder aus dem Fenster in die Ferne schweifen kann.

Für 4 Personen
Hackfleischbällchen:
2 cm Zimtrinde
5 Chilischoten
je 1 EL Kreuzkümmel,
Koriander- und schwarze
Pfefferkörner
1 Brötchen (vom Vortag)
ca. 100 ml Milch
1 kleine Zwiebel · 1 EL Öl
500 g Schweinehackfleisch
2 Eier · 1 EL scharfer Senf
3 EL glatte Petersilie
(grob gehackt)
$1/2$ TL fein gehackte unbehan-delte Zitronenschale
1 gehackte Knoblauchzehe
getrockneter Majoran · Salz
frisch geriebene Muskatnuss
Öl zum Frittieren

Salsa:
1 reife, schnittfeste Avocado
1 EL Limettensaft
$1/2$ rote Zwiebel · 3 Tomaten
1 scharfe Chilischote
2 EL mildes Olivenöl
Salz · Pfeffer aus der Mühle
1 gehackte Knoblauchzehe

Hackfleischbällchen:
▶ Die Zimtrinde zerbröckeln, die Chilischoten grob hacken und mit Kreuzkümmel, Koriander- und Pfefferkörnern in eine Gewürzmühle füllen.
▶ Das Brötchen in der Milch einweichen, anschließend gut ausdrücken und zerkleinern.
▶ Die Zwiebel schälen, in kleine Würfel schneiden und im Öl glasig dünsten. Gedünstete Zwiebeln mit eingeweich-tem Brötchen, Hackfleisch, Eiern, Senf, Petersilie, Zitronen-schale, Knoblauchzehe und 1 Prise Majoran gut vermi-schen. Mit Salz, Muskatnuss und den Gewürzen aus der Mühle würzen.
▶ Reichlich Öl erhitzen. Aus der Hackfleischmasse mit feuchten Händen walnussgroße Bällchen formen und im Öl goldgelb frittieren. Die Hackfleischbällchen auf Küchen-papier abtropfen lassen.

Salsa:
▶ Die Avocado schälen, halbieren, entkernen und in 1 cm große Würfel schneiden. Sofort mit dem Limettensaft beträufeln.
▶ Die Zwiebel schälen und in sehr kleine Würfel schneiden. Die Tomaten waschen, halbieren, die Stielansätze und die Kerne entfernen und die Tomaten in kleine Würfel schnei-den. Die Chilischote halbieren, entkernen und sehr klein schneiden.
▶ Avocado mit Zwiebel, Tomaten, Chili und Olivenöl vermi-schen und die Salsa mit Salz, Pfeffer, Knoblauch sowie nach Geschmack noch mit etwas Limettensaft würzen.
▶ Die Hackfleischbällchen noch warm mit der Avocado-Salsa servieren.

Geflügelspieße
mit Erdnuss-Szechuanpfeffer-Sauce

**Fingerfood für
4–6 Personen**
Sauce:

1 TL brauner Zucker

100 ml Geflügelbrühe

100 ml Kokosmilch

20 g Butter

70 g Erdnusscreme

Salz · Cayennepfeffer

Szechuanpfeffer aus der
Mühle

einige Tropfen Limettensaft

Spieße:

2–3 Geflügelbrüste (ohne
Haut und Knochen; ca. 400 g)

Salz · Szechuanpfeffer aus der
Mühle

4 EL Erdnussöl

Sauce:
▶ Den braunen Zucker in einem kleinen Topf bei milder
Hitze karamellisieren lassen, Brühe und Kokosmilch dazugießen und zum Köcheln bringen. Butter und die Erdnusscreme hinzufügen und glatt rühren. Die Sauce mit Salz,
Cayennepfeffer, etwas Szechuanpfeffer und Limettensaft
abschmecken. Auf Zimmertemperatur abkühlen lassen.

Spieße:
▶ Geflügelbrüste waschen und trockentupfen. Der Länge
nach in möglichst gleichmäßige, dünne Streifen schneiden.
Die Fleischstreifen auf Schaschlikspieße fädeln. Das
Fleisch sollte dabei etwas in die Länge gezogen werden,
sodass es flach am Spieß anliegt. Die Spieße mit Salz und
Szechuanpfeffer würzen.
▶ Die Geflügelspieße in einer Pfanne bei mittlerer Hitze im
Öl von beiden Seiten insgesamt 3 bis 4 Minuten hellbraun
braten. Auf Küchenpapier abtropfen lassen und die Spieße
noch warm mit der Erdnuss-Szechuanpfeffer-Sauce als Dip
servieren.

Schuhbecks Tipp:
*Anstelle der Geflügelbrüste
kann man auch Schweinefilet
für die Spieße verwenden.*

*Tischgespräch mit
einem Schützen*

*Wenn sich Ihr Tischnachbar
mit einem zauberhaften
Lächeln und den Worten vor-
stellt: „Wie machen Sie es,
dass Sie für Ihr Alter noch so
gut aussehen?", dann ist er
sicher ein Schütze. Dieses
Sternzeichen ist herzzerrei-
ßend offen, vertrauen Sie ihm
deshalb auch nie ein Geheimnis an. Mit Schützen lässt
sich jedoch über Gott und die
Welt diskutieren: Unterhalten
Sie sich mit ihm über seine
letzte Fernreise, Außenpolitik
oder Philosophie. Er braucht
geistige Nahrung und mit
Bildung können Sie ihm am
meisten imponieren.*

Frischlingskeule
in Glühwein-Pfeffer-Sauce mit Feigen

Für 6 Personen

100 g getrocknete Feigen
1 TL Puderzucker
$^1/_8$ l roter Portwein
1 Streifen unbehandelte Orangenschale
1 Zwiebel
1 kleine Karotte
70 g Knollensellerie
1,2 kg Frischlingskeule
Salz · Pfeffer aus der Mühle
6 EL Öl
4 cl Cognac
$^1/_2$ l Rotwein
1 EL Tomatenmark
$^1/_2$ l Gemüsebrühe
1 EL schwarze Pfefferkörner
1 Lorbeerblatt
2 cm Zimtrinde
1 Gewürznelke
1 Zacken Sternanis
1 TL Kardamomkörner
5 Pimentkörner
1 Streifen unbehandelte Zitronenschale
30 g Butter

▶ Die getrockneten Feigen vierteln und die Stiele entfernen. In einem kleinen Topf den Puderzucker karamellisieren lassen, mit dem Portwein ablöschen, auf die Hälfte reduzieren lassen, die Orangenschale hineinlegen und die Feigen darin ziehen lassen.

▶ Den Backofen auf 140 °C vorheizen. Gemüse schälen und in 1 bis 2 cm große Würfel schneiden. Die Frischlingskeule mit Küchengarn in Form binden, salzen und pfeffern und in einem Schmortopf bei mittlerer Hitze in 3 Esslöffeln Öl rundherum anbräunen. Das Fleisch herausnehmen, das Bratfett abgießen, mit Cognac und einem Drittel des Rotweins ablöschen, das Tomatenmark hineinrühren und siruppartig einköcheln lassen. Den übrigen Rotwein noch zweimal hinzufügen und jeweils reduzieren lassen. Mit der Brühe auffüllen, das Gemüse hinzufügen und die Keule hineinlegen. Im geschlossenen Topf im vorgeheizten Ofen etwa 2 $^1/_2$ Stunden schmoren. Dabei immer wieder wenden.

▶ Die Pfefferkörner in einem Mörser grob zerstoßen, auf einem Sieb den feinen Staub absieben, zerstoßenen Pfeffer im restlichen Öl anrösten und auf einem Sieb abtropfen lassen. Pfeffer mit Lorbeer, Zimt, Nelke, Sternanis, Kardamom, Piment und der Zitronenschale etwa 20 Minuten vor Garzeitende in die Sauce geben.

▶ Das Fleisch aus dem Bräter nehmen. Die Sauce durch ein Sieb passieren, die Butter in Stückchen dazugeben und mit einem Stabmixer aufschlagen. Anschließend die eingeweichten Feigen mit dem Portwein hinzufügen, die Orangenschale entfernen und mit Salz abschmecken. Das Küchengarn vom Fleisch lösen. Die Frischlingskeule in dünne Scheiben schneiden und mit der Sauce servieren. Als Beilage passen sehr gut Spätzle dazu.

Truthahn-Chili
mit schwarzen Bohnen

Lieblingsgäste der Schützen

Würden Schützen sich einen Widder einladen, hätten sie zwar niemanden, der geduldig kocht, aber einen spannenden Abend.

Jeden Schützen schmückt ein Löwe. Gegenseitig werden sie sich großzügig mit Liebe und Klunkern überhäufen und bis zur goldenen Hochzeit einander eisern Küchenhilfe leisten.

Waagen sind Traumgäste für Schützen. Schon weil sie genauso gut repräsentieren können und ihre Begeisterung für weltanschauliche Gespräche teilen.

Wassermänner und Schützen erleben zusammen mehr als ein Abenteuer beim Essen. Eine lebenslange Weltenbummlerliebe.

Für 4 Personen

Bohnen:

150 g getrocknete schwarze Bohnen
1/2 Zwiebel · 2 Nelken
1 Lorbeerblatt · Salz

Chili:

200 g Schältomaten (aus der Dose, grob gehackt)
1 große Zwiebel · 3 EL Olivenöl
600 g Truthahnfleisch (durch den Fleischwolf gedreht)
1 EL Tomatenmark
500–750 ml Geflügelbrühe
2 grob gehackte Knoblauchzehen · 1 Lorbeerblatt
1 Streifen unbehandelte Zitronenschale
1 TL Cayennepfeffer
je 1 Msp frisch gemahlener Kreuzkümmel und Koriander
1 Msp getrockneter Oregano
1 getrocknete Chilischote
100 g Maiskörner (aus der Dose)
brauner Zucker
Salz · Pfeffer aus der Mühle
1 EL grob geschnittener Oregano

Bohnen:

▸ Die Bohnen über Nacht in reichlich kaltem Wasser einweichen. Abgießen und die Bohnen in frischem Wasser zum Kochen bringen, die Hitze reduzieren und je nach Bohnensorte (Packungsanleitung beachten) in etwa 45 Minuten weich köcheln. Zwiebel schälen, mit Nelken und Lorbeerblatt spicken und nach 15 Minuten dazugeben. Erst kurz vor Garzeitende leicht salzen. Die Bohnen auf einem Sieb abgießen, Zwiebel entfernen und beiseite stellen.

Chili:

▸ Die Schältomaten grob hacken. Tomatenflüssigkeit beiseite stellen. Zwiebel schälen, halbieren, in kleine Würfel schneiden und in einem breiten, großen Topf bei mittlerer Hitze im Öl glasig dünsten. Truthahnfleisch dazugeben und unter gelegentlichem Rühren gut anbraten. Das Tomatenmark unterrühren, kurz anrösten, Tomaten mitsamt Flüssigkeit hinzufügen und mit so viel Brühe aufgießen, dass das Fleisch gut bedeckt ist. Das Ganze bei milder Hitze gut 1 Stunde sanft köcheln lassen.

▸ Nach 45 Minuten Garzeit Knoblauch, Lorbeerblatt, Zitronenschale, Cayennepfeffer, Kreuzkümmel, Koriander, Oregano und die Chilischote in den Eintopf geben. Maiskörner abtropfen lassen. 5 Minuten vor Garzeitende die Gewürze wieder entfernen und die gekochten Bohnen und den Mais unter das Fleisch mischen. Den Eintopf wieder erwärmen und mit etwas braunem Zucker, Salz, Pfeffer und nach Geschmack noch etwas Cayennepfeffer herzhaftfeurig abschmecken.

▸ Das Chili kurz vor dem Servieren mit Oregano bestreuen und heiß servieren. Dazu am besten Weißbrot oder Baguette reichen.

Lebkuchencreme
mit Mandarinen

Für 4 Personen

Lebkuchencreme:

40 g Zitronat

40 g Orangeat

2 EL Stroh-Rum

2 1/2 Blatt Gelatine

3 Eigelb

1/2–1 TL Lebkuchengewürz

80 g Zucker

300 g Sahne

2 EL Schokoladenraspeln

Mandarinen:

4 Mandarinen

Saft von 8 Mandarinen

1 TL Puderzucker

1 Msp Vanillemark

2 Streifen unbehandelte
Mandarinenschale

2 EL Zucker

1 TL Speisestärke

Lebkuchencreme:

▸ Zitronat und Orangeat möglichst fein hacken und mit dem Rum marinieren. Die Gelatine in kaltem Wasser einweichen. Eigelb mit Lebkuchengewürz und Zucker zu einem hellgelben Schaum aufschlagen. Zitronat und Orangeat mit dem Rum erwärmen. Die Gelatine gut ausdrücken, in dem Rum auflösen und unter die Eigelbmasse rühren.

▸ Die Sahne halbsteif schlagen, ein Drittel davon in die Eigelbmasse rühren, den Rest zusammen mit den Schokoladenraspeln unterheben. Die Creme in Portionsförmchen füllen und mehrere Stunden in den Kühlschrank stellen.

Mandarinen:

▸ Die Mandarinen mit einem scharfen Messer so schälen, dass auch die weiße Haut entfernt wird, und in Scheiben schneiden. Den dabei entstehenden Saft auffangen und mit dem übrigen Mandarinensaft vermischen.

▸ In einem kleinen Topf den Puderzucker karamellisieren lassen. Mit dem Mandarinensaft ablöschen, Vanillemark und die Mandarinenschale mit dem Zucker hinzufügen und bei kleiner Hitze um ein Drittel reduzieren lassen. Die Stärke in etwas kaltem Wasser glatt rühren, in den Mandarinensaft rühren und noch 1 bis 2 Minuten darin köcheln lassen. Vom Herd nehmen, bei gelegentlichem Rühren auskühlen lassen und durch ein Sieb gießen. Die Mandarinenscheiben hineingeben.

▸ Die Förmchen mit der Lebkuchencreme einige Sekunden in heißes Wasser tauchen und die Creme auf Teller stürzen. Die Mandarinen mit der Sauce daneben anrichten.

*Eher keine Gäste
für Schützen*

Fische sind dem Schützen zu langsam. Selten werden sie ihn beim Essen einholen. Höchstens beim gemeinsamen Philosophieren.

Sachliche Zwillinge sind die beste Medizin gegen die Ausschweifungen des Schützen. Ob er diesen Wermutstropfen allerdings gerne zu sich nimmt, ist fraglich.

Ein gemeinsamer Abend von Jungfrauen und Schützen endet eher nüchtern als feucht-fröhlich. Dem Schützen ist die Jungfrau einfach zu kritisch und detailverliebt.

Geschmorte Ananasscheiben
mit Schokoladen-Kokos-Sauce

**Für 4 Personen
Ananasscheiben:**

8 frische Ananasscheiben

60 g Butter

4 cl Kokoslikör

80 ml Ananassaft

50 g brauner Zucker

1 Vanilleschote

4 cm Zimtrinde

1 Zacken Sternanis

Sauce:

100 g Bitterschokolade oder
dunkle Kuvertüre (mind. 60 %
Schokoladenanteil)

50 g Vollmilchschokolade

200 g Sahne

4 cl Kokoslikör

Ananasscheiben:

▶ Den Backofen auf 180 ℃ vorheizen.

▶ Aus den Ananasscheiben den Strunk entfernen. Eine
Auflaufform mit etwas Butter einfetten und die Scheiben
nebeneinander oder leicht überlappend hineinlegen. Mit
Kokoslikör und Ananassaft beträufeln und mit Zucker und
restlichen Butterflöckchen bestreuen. Vanilleschote halbieren, Zimtrinde leicht zerbröckeln und beides mit dem
Sternanis neben die Scheiben legen. Die Ananas gut 15 bis
20 Minuten im vorgeheizten Ofen schmoren, dabei die
Scheiben immer wieder mit austretendem Saft beträufeln.

Sauce:

▶ Beide Schokoladensorten in kleine Stücke hacken und
mischen. Sahne einmal aufkochen und über die Schokolade gießen. Kurz stehen lassen, langsam glatt rühren,
1 bis 2 Esslöffel Ananassud und Kokoslikör dazugeben
und glatt rühren.

▶ Die Ananasscheiben mit der warmen Schokoladensauce
auf Tellern anrichten. Dazu passt Kokoseis oder Sorbet.

Der Schütze
als Gastgeber

Schützen sind großzügige Gastgeber und können hervorragend repräsentieren. Mit einer schwungvollen Geste wird er Sie begrüßen und mit schnellen Schritten durch sein Reich führen. Seine Wohnung ist meist reich geschmückt mit Erinnerungsstücken aus aller Welt. Genauso bunt gemischt und interessant sind seine Freunde. Ihrem Schütze-Gastgeber wird seine Gästeliste immer wichtiger sein als die Speisenfolge. Da die meisten Schützen gerne spielen, kann es vorkommen, dass Sie eher zu einer Runde Monopoly oder Risiko eingeladen werden als zu einem Drei-Gänge-Menü.

Schützen lieben es, viele Gäste um sich zu haben, mit denen sie ihre Liebhabereien, ihre Ideale und Träume teilen können. Nichts hassen sie mehr als kleinkarierte Nachbarn, die sich schon um Mitternacht wegen Ruhestörung beschweren. Dieser Gastgeber ist in der Regel sehr tierlieb. Sie können also alle Katzen und Hunde bedenkenlos zu ihm mitbringen.

Der Schütze ist ein positiver Mensch und zeigt nur ungern Schwäche. Falls also sein Gericht nicht schmeckt, schweigen Sie lächelnd. Umgekehrt sollten Sie darauf vorbereitet sein, dass Ihr Schütze bei Ihnen kein Blatt vor den Mund nimmt. Sein Unabhängigkeitsbedürfnis duldet keine Kompromisse. Deshalb sagt er seinen Gästen schonungslos die Meinung ins Gesicht – selbst wenn es sich dabei um den schwierigen Chef seines Partners handelt.

Was schmeckt
dem Steinbock

Steinböcke haben einen geradlinigen Geschmack, eine Vorliebe für die gehobene, traditionelle Küche. Dieses Erdzeichen liebt Klassiker aus seiner Heimat, aber auch aus der europäischen Küche: Roastbeef mit Remouladensauce, Ossobuco oder Nizza-Salat; dazu nahrhafte Gemüse wie Bohnen, Kartoffeln und Maronen. Die Qualität der Zutaten sollte hochwertig sein – für dieses konservative Sternzeichen ist das eine Wertschätzung seiner selbst. Steinböcke essen gerne auch sparsam und kalt. Ihre Lieblingsgerichte dürfen nicht experimentell sein und sollten Biss haben! Gehaltvolle, elegante Nachspeisen wie Crème brûlée oder Schokoladentorte schmecken ihm als Nachtisch. Falls Ihr pflichtbewusster Steinbock nicht Auto fahren muss, dürfen Sie ihm das Bier einer Traditionsbrauerei, einen teuren Rotwein oder zu gegebenem Anlass Champagner servieren. Und vergessen Sie nicht den Espresso danach. Das rundet ein Steinbock-Essen ab.

Steinböcke sind klassische
Genießer – sie essen gerne alles
in der richtigen Art und
Weise, zur richtigen Zeit,
im erforderlichen Umfang.

Wie kocht
der Steinbock

Ein Steinbock wird nie viel Aufhebens von seiner durchaus gehobenen Kochkunst machen. Dieser Gourmet kocht sachlich, nüchtern und konservativ – frei von Schnörkeln und Emotionen. Sein Schweinebraten wird immer so schmecken, wie ein Schweinebraten zu schmecken hat. Sein Kühlschrank ist selten üppig gefüllt. Weniger ist für den Steinbock mehr, aber er wird immer das zu Hause haben, was notwendig ist. Grundnahrungsmittel gehen Steinböcken daher selten aus.

Steinböcke sind Küchenarchäologen und haben in der Regel immer ein Kochbuch ihrer Großmutter im Schrank. Auch beim Küchenwerkzeug zieht ein Steinbock den traditionellen Kochlöffel der computergesteuerten Püriermaschine vor. Niemals werden Sie einen Steinbock davon überzeugen, dass die Töpfe seiner Großtante früher zwar revolutionär waren, aber heute nur noch Museumsstücke sind. Wenn es darum geht, an Bewährtem festzuhalten, können Steinböcke stur und bockig werden.

Wenn ein Steinbock kocht, dann vielleicht langsamer als andere, aber dafür gründlich und genau nach Rezept. Dieses fleißige, praktische Sternzeichen betrachtet das Kochen auch als eine Art Pflichterfüllung. Wenn der ehrgeizige Steinbock sich etwas in den Kopf gesetzt hat, wird er nicht ruhen, bis es fertig auf den Tellern dampft. Lassen Sie ihn beim Kochen besser alleine: Steinböcke lieben zwar den Familienbetrieb, aber in der Küche brauchen sie die Einsamkeit und dulden keinen anderen Koch neben sich.

Maronensuppe
mit weißen Trüffeln

Für 4 Personen

450 g Maronen
(Esskastanien)
1 TL Puderzucker
600 ml Geflügelbrühe
200 g Sahne
50 g Butter
Salz
Cayennepfeffer
frische weiße Trüffeln
(ca. 1–2 g pro Person)

▶ Den Backofen auf 200 °C vorheizen. Die Schale der Maronen auf der gewölbten Seite mit einem scharfen Küchenmesser kreuzweise einschneiden. Die Maronen auf ein Backblech legen und im vorgeheizten Ofen etwa 10 Minuten backen, bis sich die Schalen öffnen.

▶ Die noch warmen Maronen aus der Schale brechen, dabei die innere Haut sorgfältig mitentfernen.

▶ Den Puderzucker in einem Topf bei mittlerer Hitze karamellisieren lassen. Mit der Geflügelbrühe aufgießen, die geschälten Kastanien dazugeben und 15 Minuten knapp unter dem Siedepunkt ziehen lassen, bis die Maronen weich sind. Die Suppe zusammen mit der Sahne mit einem Stabmixer fein pürieren und leicht erhitzen. Die Butter in Stückchen dazugeben, die Suppe nochmals durchmixen und mit Salz und Cayennepfeffer abschmecken.

▶ Die Suppe in vorgewärmte Suppenteller gießen. Weiße Trüffeln mit einem Trüffelhobel dünn darüber hobeln und die Suppe sofort servieren.

Schuhbecks Tipp:
Anstelle der weißen Trüffeln kann man auch weißes Trüffelöl verwenden. Dazu ein paar Tropfen Trüffelöl zusammen mit der Butter zur Suppe geben und diese nochmals mit dem Stabmixer aufschäumen. Trüffelöl ist geschmacksintensiv und sollte deshalb sehr sparsam verwendet werden.

Der Steinbock als Gast

Ein Steinbock steht meist als Erster, überpünktlich vor der Tür. Von diesem Moment an wird er Ihnen mit stiller Hilfsbereitschaft und Zuverlässigkeit zur Seite stehen. Er erklärt Ihnen, warum Sie an Ihren Salat noch einen Schuss Essig geben müssen und weshalb die Pute noch ein paar Minuten länger im Rohr bleiben sollte. Sie täten gut daran, die Tipps Ihres Steinbock-Gastes umzusetzen, denn er behält meist Recht. Dieser Gourmet ist konservativ: Ist er einmal auf einen bestimmten Geschmack gekommen, bringt ihn nichts mehr davon ab, dieses Gericht immer in der gleichen Weise essen zu wollen. Machen Sie auch nicht den Fehler, Ihrem Gast an einem Feiertag nur ein Butterbrot zu servieren. An einem Werktag wäre das kein Problem, aber ein Steinbock-Festtag erfordert ein Festtagsmenü!

Nizza-Salat
mit frischem Thunfisch

Für 4 Personen

Salat:
400 g kleine fest kochende Kartoffeln (z. B. Nicola) · Salz
4 Eier
200 g Keniabohnen
250 g Cocktailtomaten
100 g kleine schwarze Oliven (in Öl eingelegt)
1 kleine rote Zwiebel
10 große Basilikumblätter

Dressing:
$1/2$ Knoblauchzehe
$1/2$ TL Senf
2 EL Rotweinessig
100 ml Gemüsebrühe
1 Prise Zucker
Salz · Pfeffer aus der Mühle
5 EL kräftiges Olivenöl

Thunfisch:
500 g Thunfisch (Sushi-Qualität)
Salz · Pfeffer aus der Mühle
2 EL Öl

Salat:

▶ Die Kartoffeln waschen, in reichlich Salzwasser weich kochen, abgießen, ausdampfen lassen, schälen und vierteln. Die Eier hart kochen, abschrecken, schälen und vierteln. Die Bohnen putzen, in kochendem Salzwasser bissfest blanchieren, in kaltem Wasser abschrecken und gut abtropfen lassen.

▶ Die Tomaten waschen und halbieren. Oliven abtropfen lassen. Zwiebel schälen, halbieren und in dünne Scheiben schneiden. Basilikumblätter in grobe Stücke zupfen.

Dressing:

▶ Knoblauchzehe, Senf, Rotweinessig, Gemüsebrühe, Zucker, etwas Salz, Pfeffer und Olivenöl in ein hohes Gefäß geben und mit einem Stabmixer schaumig aufschlagen.

▶ Kartoffeln, Bohnen, Tomaten, Oliven und Zwiebeln in eine Schüssel geben, mit der Hälfte des Dressings mischen und kurz marinieren lassen.

Thunfisch:

▶ Thunfisch in 2 cm große Würfel schneiden, salzen und pfeffern und in einer Pfanne im Öl von allen Seiten in 2 bis 3 Minuten leicht anbraten, aber nicht durchgaren. Auf Küchenpapier abtropfen lassen und zusammen mit den Basilikumblättern unter den Salat heben.

▶ Salat auf 4 Tellern anrichten, mit restlichem Dressing beträufeln und mit den hart gekochten Eiern garnieren.

Schuhbecks Tipp:
Wer ein etwas würzigeres Dressing möchte, kann noch zusätzlich 2 Sardellenfilets mit in das Dressing mixen.

Roastbeef
mit Remouladensauce

Für 4 Personen

Roastbeef:

800 g Roastbeef
(küchenfertig)
Salz · Pfeffer aus der Mühle
2 EL Öl
1 EL scharfer Senf

Remoulade:

2 Eigelb · Salz
1 EL Rotweinessig
einige Tropfen Worcester-
shiresauce
$1/2$ TL scharfer Senf
Cayennepfeffer
200 ml Öl
1 hart gekochtes Ei
1 EL Kapern (in Öl)
50 g kleine Gewürzgurken
$1/4$ TL Sardellenpaste
je 1 EL grob gehackte
Petersilie und Kerbel
1 TL klein geschnittener
Estragon

Roastbeef:

▸ Den Backofen auf 120 °C vorheizen.
▸ Das Roastbeef rundherum mit Salz und Pfeffer würzen.
In einer Pfanne bei mittlerer Hitze im Öl von allen Seiten
anbraten. Auf ein Ofengitter mit untergelegtem Abtropfblech legen, dünn mit Senf bestreichen und im vorgeheizten Ofen auf der mittleren Einschubleiste in etwa 1 Stunde
rosa garen.

Remoulade:

▸ Eigelb mit 1 Prise Salz verrühren und 1 Minute stehen
lassen. Rotweinessig, Worcestershiresauce, Senf und Cayennepfeffer untermischen. Das Öl hineinrühren, zuerst
nur tropfenweise, dann in einem dünnen Strahl langsam
dazugeben und dabei ständig rühren, sodass eine homo-
gene Mayonnaise entsteht.
▸ Das Ei schälen und mit Kapern und Gewürzgurken klein
hacken. Zusammen mit der Sardellenpaste und den Kräutern unter die Mayonnaise ziehen. Mit etwas Gewürzgur-
kensud, Salz und Cayennepfeffer abschmecken.

Anrichten:

▸ Das Roastbeef in Scheiben schneiden, auf Tellern anrichten und mit der Remouladensauce servieren. Dazu passen
gut Bratkartoffeln.

*Tischgespräch mit
einem Steinbock*

*Dieses Sternzeichen müssen
Sie auftauen – der Steinbock
hat nicht gerade den lockeren Plauderton erfunden.
Unterschätzen Sie ihn nicht,
weil er vielleicht langsamer
und bedächtiger redet als
andere. Steinböcke sind klug,
glasklar im Argumentieren,
nur manchmal etwas unbe-
weglich in ihren Ansichten.
Vermeiden Sie deshalb politi-
sche Diskussionen! Fremden
Menschen begegnen sie eher
reserviert und kühl, aber hin-
ter dieser Fassade schlägt
ein großes, einsames Herz,
das sich nach Wärme und
Anerkennung sehnt.*

Ossobuco

Der Steinbock im Restaurant

*Steinböcke sind sehr spar-
sam. Wenn sie essen gehen,
dann meist nur zu einem
besonderen Anlass. Qualität
lassen sie sich durchaus
etwas kosten. Wählen Sie
also nicht irgendeine ver-
rauchte Kneipe. Er bevorzugt
das klassische Candlelight-
Dinner, fühlt sich am wohls-
ten in stilvollen Restaurants
mit eleganter, sachlich-kon-
servativer Atmosphäre, aber
auch in einfachen, guten
Landgasthöfen. Wenn dort
jemand als Erster dem
Küchenchef erklärt, was er in
Zukunft besser machen
könnte, dann ist es sicher
ein Steinbock. Und: Rechnen
Sie Ihrem Freund zuliebe
am Ende korrekt ab. Ein
Steinbock wird immer genau
das Trinkgeld geben, das
der Kellner verdient hat.
Nicht mehr, aber auch nicht
weniger.*

Für 4 Personen
1 mittelgroße Karotte
150 g Knollensellerie
4 Scheiben Kalbshaxe
(ca. 3 cm dick)
Salz · Pfeffer aus der Mühle
2 EL doppelgriffiges Mehl
2 EL Öl · 1 Zwiebel
1/8 l Weißwein
200 g Schältomaten
(aus der Dose; grob gehackt)
300 ml Kalbsfond
(ersatzweise Geflügelbrühe)
1 Lorbeerblatt
1 frischer Rosmarinzweig
2 Streifen unbehandelte
Zitronenschale
2 halbierte Knoblauchzehen
20 g Butter
2 EL glatte Petersilie
(grob gehackt)

▸ Karotte und Sellerie schälen und in kleine Würfel schneiden. Kalbshaxenscheiben salzen und pfeffern, leicht in
Mehl wenden und in einem großen, breiten Topf bei mittlerer Hitze im Öl von beiden Seiten goldbraun anbraten. Aus
dem Topf nehmen. Zwiebel schälen, halbieren, in kleine
Würfel schneiden und im Topf glasig dünsten. Gemüsewürfel dazugeben, kurz mitschwitzen lassen. Weißwein dazugießen und sirupartig reduzieren lassen. Die Fleischscheiben auf das Gemüse legen, Tomaten hinzufügen und mit
dem Kalbsfond aufgießen, sodass die Scheiben fast bedeckt sind.

▸ Kalbsscheiben bei milder Hitze zugedeckt gut 2 Stunden
schmoren lassen, bis das Fleisch schön weich ist. Dabei
ein- bis zweimal wenden. 30 Minuten vor Garzeitende Lorbeerblatt, Rosmarinzweig, Zitronenschale und Knoblauch
hinzufügen.

▸ Die Fleischscheiben aus der Sauce nehmen, Gewürze
entfernen und die Sauce nach Geschmack noch etwas einköcheln lassen. Mit Salz und Pfeffer abschmecken, Butter
in der Sauce schmelzen lassen, Fleischscheiben auf vorgewärmten Tellern anrichten, mit reichlich Sauce bedecken
und mit Petersilie bestreuen.

▸ Dazu serviert man traditionell ein Safranrisotto.

Schuhbecks Tipp:
*Klassisch wird Ossobuco mit Gremolata serviert:
Dafür 2 Streifen unbehandelte Zitronenschale
und 2 geschälte Knoblauchzehen fein hacken.
Mit 2 Esslöffeln gehackter Petersilie zu einer Paste
mischen. 5 Minuten vor Garzeitende das Fleisch
damit bestreichen und einige Minuten in der Sauce
ziehen lassen. Im Grundrezept dann Zitronenschale,
Knoblauch und Petersilie weglassen.*

Crème brûlée

Für 4–6 Personen

Crème:

1 Vanilleschote

$1/4$ l Vollmilch

250 g Sahne

5 Eigelb

50 g Zucker

Fertigstellen:

brauner Zucker zum
Karamellisieren

Crème:

▶ Die Vanilleschote der Länge nach halbieren, das Mark
herauskratzen und beides zusammen mit Milch und Sahne
in einem Topf zum Köcheln bringen. Vom Herd nehmen und
zugedeckt 20 Minuten ziehen lassen.

▶ Eigelb mit Zucker verrühren, aber nicht schaumig schlagen, langsam die Milch dazugießen und gut untermischen.
Die Crème durch ein feines Sieb gießen und in 4 bis 6 flache Förmchen, Schalen oder tiefe Teller verteilen.

▶ Den Backofen auf 120 °C vorheizen. Die Förmchen in ein
tiefes Backblech stellen, so viel kaltes Wasser dazugießen,
dass die Förmchen zur Hälfte im Wasser stehen. Crème im
Ofen etwa 40 Minuten stocken lassen. Herausnehmen und
im Kühlschrank mindestens 3 bis 4 Stunden kalt stellen.

Fertigstellen:

▶ Die Grillfunktion des Backofens einschalten.

▶ Kurz vor dem Servieren die Crème gleichmäßig mit reichlich braunem Zucker bestreuen. Auf der oberen Einschubleiste des Backofens, direkt unter dem Grill, gratinieren, bis
die Oberfläche gebräunt und der Zucker geschmolzen und
karamellisiert ist. Sofort servieren.

*Eher keine Gäste für
Steinböcke*

*Keine Liebe auf den ersten
Biss verbindet den Steinbock
mit dem Widder. Er schätzt
in der Küche Ordnung und
Ruhe, Widder haben dafür
keine Geduld.*

*Die Geschmäcker von
Krebsen und Steinböcken
ziehen sich nur selten an:
Der Krebs ist hoffnungslos
romantisch, der Steinbock
hoffnungslos pragmatisch.*

*Zwischen Waagen und Stein-
böcken sprießen die Miss-
verständnisse wie Unkraut
in einem Gemüsegarten.*

Schuhbecks Tipp:

*Je nach Backofen und Größe der Förmchen kann
sich die Garzeit verändern. Die Crèmes sind fertig,
wenn die Oberfläche bei leichtem Anstoßen nicht
mehr flüssig ist und nur noch leicht wackelt, aber
auch noch nicht ganz fest ist. Fertige Crèmes
eventuell früher aus dem Ofen nehmen.*

Schokoladentarte

**Für eine Tarteform
(ca. 30 cm Durchmesser)**
Mandelmürbeteig:
120 g Butter (zimmerwarm)
Salz
90 g Puderzucker (gesiebt)
30 g fein gemahlene Mandeln
1 Ei
235 g Mehl (gesiebt)
Butter für die Form

Schokoladencreme:
300 g Bitterschokolade (mind.
60 % Schokoladenanteil)
300 g Sahne
120 ml Milch
1 Ei
1 Eigelb

Mandelmürbeteig:

▸ Butter, 1 Prise Salz, Puderzucker, Mandeln, Ei und 60 g Mehl in einer Schüssel zu einer glatten Masse verrühren. Sobald die Masse homogen ist, das restliche Mehl schnell unterarbeiten. Den Teig zu einer Kugel formen, in Frischhaltefolie wickeln und mindestens 1 Stunde kühl stellen.
▸ Die Tarteform mit etwas Butter einfetten. Den Teig auf einer bemehlten Arbeitsfläche rund und möglichst dünn ausrollen und die Form damit auskleiden. Teig dabei gut an die Form drücken. Nochmals mindestens 30 Minuten im Kühlschrank ruhen lassen. Den Backofen auf 180 °C vorheizen. Den Tarteboden im vorgeheizten Ofen auf der mittleren Einschubleiste in 12 bis 15 Minuten hellbraun backen.

Schokoladencreme:

▸ Schokolade in kleine Stücke hacken. Sahne und Milch aufkochen und sofort über die Schokolade gießen. 1 Minute stehen lassen, damit die Schokolade schmilzt. Anschließend zu einer geschmeidigen Masse verrühren und etwas auskühlen lassen. Nacheinander Ei und Eigelb dazugeben und glatt rühren.
▸ Sobald der Tarteboden fertig gebacken ist, die Ofentemperatur auf 160 °C herunterschalten. Die Schokoladencreme bis knapp unter den Rand vorsichtig auf den Mürbeteig gießen. Etwa 20 Minuten backen. Die Creme sollte am Rand fest, aber in der Mitte noch weich sein. Die Tarte etwa 1 Stunde auskühlen lassen, in kleine Stücke schneiden und zimmerwarm servieren. Dazu passt eine Fruchtsauce aus frischen Früchten.

Linzer Plätzchen

Für ca. 50–60 Stück

30 g Bitterschokolade

150 g Butter

150 g Puderzucker (gesiebt)

1 Ei

150 g fein gemahlene
Haselnüsse

je 1 Msp gemahlene Gewürz-
nelken und Kardamom

$1/2$ TL gemahlener Zimt

Salz

1 Msp abgeriebene unbehandelte Zitronenschale

4 cl Kirschwasser

250 g Mehl

20 g Kakaopulver

Puderzucker zum Bestäuben

150–180 g Himbeer- oder
Johannisbeergelee

▶ Die Schokolade im Wasserbad schmelzen lassen. Butter
mit Puderzucker verkneten. Nacheinander Ei, Haselnüsse,
Nelken, Kardamom, Zimt, 1 Prise Salz und Zitronenschale
untermischen. Kirschwasser und Schokolade unterrühren.
Mehl und Kakaopulver in die Buttermischung sieben und
rasch zu einem glatten Teig kneten. Den Teig zu einer Kugel
formen, in Frischhaltefolie wickeln und für mindestens
1 Stunde, am besten über Nacht, kalt stellen.

▶ Den Teig in 2 Stücke teilen, nacheinander auf einer bemehlten Arbeitsfläche 2 bis 3 mm dick ausrollen und mit
einem runden Ausstecher Plätzchen ausstechen. Aus der
Hälfte der Plätzchen mit einem kleineren, runden Ausstecher Kreise ausstechen, sodass Ringe entstehen. Beide
Plätzchensorten nicht zu dicht nebeneinander auf mit
Backpapier ausgelegte Bleche setzen und 8 bis 10 Minuten kalt stellen. Den Backofen auf 170 ℃ vorheizen.

▶ Die Plätzchen im vorgeheizten Ofen etwa 15 Minuten
backen und abkühlen lassen. Die Plätzchenringe mit Puderzucker bestäuben. Gelee leicht erwärmen und glatt rühren.
In die Mitte der kreisförmigen Plätzchen je $1/2$ Teelöffel
Gelee geben und einen Ring darauf setzen.

*Der Steinbock isst gern klassisches
Gebäck – und besitzt auch noch die
Geduld, es selbst zu machen!*

Der Steinbock
als Gastgeber

Falls Sie erwartet haben, von einem Steinbock zu einer lauten, spontanen Stehparty eingeladen zu werden, auf der jeder kommt, geht und feiert, wie er will, dann haben Sie die Rechnung ohne Ihren Gastgeber gemacht. Dieses Sternzeichen liebt es eher ruhig und gesetzt. Einen kleinen Kreis erlesener Gäste, mit denen es ernste und tiefgründige Gespräche über seinen Beruf führen kann, zieht es der großen, lockeren Runde vor.

Steinbock-Gastgeber haben manchmal auch eine Hausordnung. Wundern Sie sich also nicht, wenn Sie beim Betreten seiner Wohnung durch ein Schild aufgefordert werden, nicht zu rauchen oder die Toilette nur im Sitzen zu benutzen. Dehnen Sie Ihren Besuch nicht bis zum Morgengrauen aus. Der Steinbock gehört zu den ordentlichsten Sternzeichen und er will sich möglichst noch am gleichen Abend Zeit nehmen, das Chaos zu beseitigen, das seine Gäste angerichtet haben.

Da Steinbock-Gastgeber sehr pflichtbewusst sind, können sie sich erst wirklich entspannen, wenn sie das Gefühl haben, dass alle Gäste wohl versorgt sind und sie ihr Bewirtungspensum erfüllt haben. Häufig ist das leider erst dann der Fall, wenn sich die ersten Gäste schon verabschieden. Ein Steinbock braucht Ansehen und Anerkennung. Insofern versteht es sich von selbst, dass dieses Sternzeichen Ihr Dankeschön am Tag danach voraussetzt.

Was schmeckt
dem Wassermann

Wassermänner essen aus purer Neugier fast alles! Sie würden sogar gegrillte Heuschrecken kosten, um etwas Unbekanntes auszuprobieren. Dieses Sternzeichen liebt eine abwechslungsreiche Küche, viele, kleine Portionen hintereinander und es sollte leicht schmecken. Mit schweren Saucen können Sie bei diesem Geschmacksrevoluzzer keine Punkte erzielen. Originelle Kombinationen wie die Kürbis-Ingwer-Suppe, „Durchsichtiges" wie die Tellersülze mit Fischen, Meeresfrüchte und kreative Salate gehören zu ihren Lieblingsspeisen. Sie lieben saisonales Gemüse, frische Kräuter und ungewöhnliche Mischungen in Bezug auf Temperatur und Konsistenz. Der Wassermann mag aber auch ganz einfache, alte Gerichte, die neuartig zubereitet sind, wie mariniertes Kalbsfilet mit Schnittlauchsauce. Als Luftzeichen schätzen sie luftige Soufflés zum Nachtisch, als Getränk einen leichten trockenen Weißwein, Mineralwasser oder durchsichtige, eiskalte Cocktails.

Beim Wassermann wird die
Küche zum Forschungslabor.
Wenn sie schon einmal kochen,
dann alles – nur nicht das Übliche.

Wie kocht
der Wassermann

Der Wassermann liebt es zu experimentieren. Wenn er sich schon an den Herd stellt, kommt garantiert nichts Alltägliches dabei heraus. Das gilt für die Art der Zubereitung ebenso wie für die Zutaten, die er verwendet. Ein Kochlöffel in seiner Hand wirkt wie ein Zauberstab. Er hat allerdings nicht die Geduld, sich mit mühevoller Kleinarbeit aufzuhalten, und für langwierige Küchendienste fühlt er sich erst recht nicht berufen. Es muss schnell gehen und trotzdem ungewöhnlich schmecken. In Wassermann-Küchen stehen deshalb auch kaum Kochbücher. Er hat seine Rezepte im Kopf oder erfindet sie mithilfe seiner reichen Fantasie täglich neu.

Der Wassermann kreiert gerne mal ein Avantgarde-Gericht. Nicht immer wird es allen auf Anhieb schmecken – aber ein paar Jahre später könnte es plötzlich in den In-Lokalen der Stadt Mode werden. Es muss aber auch nicht unbedingt etwas Ausgefallenes sein, vielmehr verhilft er manchmal dem einfachen Küchenklassiker durch eine andere Zubereitungsweise zu einem neuen Image. Auch bei der Beschaffung von Zutaten geht er gern seine eigenen Wege: Statt sie im Lebensmittelgeschäft zu kaufen, pflückt er unter Umständen Löwenzahn oder Sauerampfer gern in der freien Natur.

Der Wassermann schätzt luftige Küchen, die sich zum Wohn- oder Esszimmer hin öffnen. Er braucht Gesellschaft, denn nur ungern kocht er alleine. In seinem Haushalt findet sich immer irgendein Kochutensil, das ungewöhnlich oder zumindest originell ist. Die computergesteuerte Küche wäre sicher ein Wassermann-Traum, aber es könnte sein, dass Sie hier auch einen alten Mörser entdecken, der in seinem Küchenlabor eine völlig neue Funktion erfüllt.

Tellersülze

mit Edelfischen

Für 4 Personen
Gelee:

¹/₂ Karotte

¹/₂ kleine Zwiebel

¹/₂ kleine Lauchstange
(der weiße Teil)

¹/₂ Stange Staudensellerie

¹/₄ kleine Fenchelknolle

50 g Champignons

1 EL Olivenöl

¹/₂ TL Anislikör (z. B. Pernod)

2 EL Weißwein

400 ml Gemüsebrühe

1 halbierte Knoblauchzehe

1 kleines Lorbeerblatt

1 Streifen unbehandelte
Zitronenschale

1 Thymianzweig

einige Safranfäden

etwas Rotweinessig

Salz · Cayennepfeffer

6 Blatt Gelatine

Einlage:

400 g gemischte Fischfilets
(z. B. Seezunge, Lachs,
Dorade)

Salz · 300 g Miesmuscheln

2 EL Tomatenwürfel

Gelee:

▸ Karotte und Zwiebel schälen. Lauch, Sellerie und Fenchel waschen und putzen. Die Champignons gründlich säubern und das Gemüse klein schneiden.
▸ In einem Topf das Olivenöl erhitzen und Fenchel, Sellerie, Karotten und Zwiebeln darin anschwitzen, etwas später Champignons und Lauch hinzufügen. Mit Anislikör, Weißwein und Gemüsebrühe ablöschen. Knoblauch, Lorbeerblatt, Zitronenschale und Thymian hinzufügen und das Gemüse in 20 Minuten knapp unter dem Siedepunkt weich garen. Nach 10 Minuten die Safranfäden hinzufügen.
▸ Mit etwas Rotweinessig, Salz und Cayennepfeffer abschmecken. Die Suppe durch ein Sieb gießen, die Gewürze dabei entfernen und das Gemüse aufbewahren. Gelatine in kaltem Wasser einweichen, ausdrücken und im heißen Sud auflösen. Die Suppe bei Zimmertemperatur abkühlen lassen. Nochmals abschmecken.

Einlage:

▸ Fischfilets in mundgerechte Stücke schneiden. In einem Topf Salzwasser aufkochen, vom Herd nehmen und die Fischfilets darin 2 bis 3 Minuten glasig durchziehen lassen. Fischfilets herausnehmen und auskühlen lassen.
▸ Die Muscheln gründlich waschen und abbursten, geöffnete Exemplare aussortieren. In kochendes Salzwasser geben, bis sie sich öffnen. In einem Sieb abtropfen lassen, das Muschelfleisch aus den Schalen lösen, geschlossene Muscheln dabei entfernen. Fischstücke, Muschelfleisch, Tomatenwürfel und Gemüse in Suppenteller verteilen und auskühlen lassen.
▸ Den Gelatinesud in einer Metallschüssel auf Eiswasser langsam kalt rühren, bis er anfängt zu gelieren. Die Meeresfrüchte mit dem Sud überziehen und sofort servieren.

Roh mariniertes Kalbsfilet
mit Schnittlauchsauce

*Rund um den
Wassermann-Tisch*

*Bei diesem Sternzeichen
können Sie auf Tischkarten,
das gute alte Porzellan,
sogar auf Besteck verzichten. Es isst gerne mit der
Hand! Eine Wassermann-
Tafel sollte ungewöhnlich
und individuell gestaltet sein,
luftig, leicht und nicht überla-
den. Dieses Sternzeichen
speist gerne an der frischen
Luft! Decken Sie den Tisch
also bei schönem Wetter
unbedingt im Garten oder
auf dem Balkon. Drinnen sollten Sie Fenster und Türen
offen stehen lassen, denn Ihr
unkonventioneller Gast liebt
seine Freiheit und fühlt sich
schnell eingesperrt: Am
besten platzieren Sie diesen
Nestflüchter so, dass er den
Tisch schnell wieder verlassen
kann. Er freut sich an allen
Dingen, die durchsichtig, hell
und klar sind: schöne, ver-
schiedenartige Gläser zum
Beispiel. Je abwechslungsrei-
cher Sie den Tisch für Ihren
Wassermann-Freund decken,
desto besser.*

Für 4 Personen

Marinade:
je 1 unbehandelte Zitrone und
Orange
2 EL schwarze Pfefferkörner
3 EL Rosmarinnadeln
280 g Salz
380 g Zucker
150 ml Olivenöl

Kalbsfilet:
1 kg Kalbsfilet (küchenfertig)
Olivenöl zum Bestreichen

Schnittlauchsauce:
200 g Crème fraîche
5 EL Sahne
Salz
Cayennepfeffer
einige Tropfen Zitronensaft
1–2 EL Schnittlauchröllchen

Marinade:
▸ Zitrone und Orange heiß abwaschen, trockenreiben, die Schale mit einem scharfen Messer dünn abschälen und in feine Streifen schneiden. Die Pfefferkörner in einem Mörser grob zerstoßen und mit Rosmarin, Zitrusschalen, Salz und Zucker vermischen. Zuletzt das Öl dazugeben.

Kalbsfilet:
▸ Das Kalbsfilet waschen, trockentupfen und mit etwas Oli-venöl bestreichen. Etwa ein Drittel der Marinade in einem tiefen, flachen Gefäß verteilen, das Fleisch darauf legen und mit der übrigen Marinade bedecken.
▸ Das Fleisch 1 Tag gekühlt marinieren. Anschließend aus der Marinade nehmen, kurz abwaschen und trockentupfen.

Schnittlauchsauce:
▸ Die Crème fraîche mit so viel Sahne glatt rühren, dass eine cremige Sauce entsteht. Mit Salz, Cayennepfeffer und Zitronensaft abschmecken und Schnittlauch unterziehen.
▸ Das Fleisch schräg in dünne Scheiben schneiden und leicht überlappend auf einer Servierplatte anrichten. Die Schnittlauchsauce separat dazu reichen.

Schuhbecks Tipp:
*Möchte man besonders dünne Scheiben,
kann man das gebeizte Kalbsfilet kurz
einfrieren und dann mit einer Aufschnittmaschine ganz fein schneiden.*

Kürbis-Ingwer-Suppe
mit gebratener Rotbarbe

Für 4 Personen

Kürbissuppe:

500 g Muskatkürbisfleisch

$1/4$ Apfel

1 TL Puderzucker

$3/4$ l Gemüsebrühe

150 g Sahne

$1/2$ Knoblauchzehe

1 TL grob gehackter Ingwer

$1/2$ TL Currypulver

40 g kalte Butter

Salz

frisch geriebene Muskatnuss

Einlage:

3 Lauchzwiebeln

4 kleine Rotbarbenfilets
(mit Haut, ohne Gräten)

Salz · Pfeffer aus der Mühle

1 EL Öl

30 g Butter

Anrichten:

einige Basilikumblätter

Kürbissuppe:

▶ Das Kürbisfleisch in 1 cm große Würfel schneiden. Den Apfel schälen, entkernen und in kleine Würfel schneiden.
▶ In einem Topf bei milder Hitze den Puderzucker karamellisieren lassen, die Kürbiswürfel darin anschwitzen und mit der Gemüsebrühe ablöschen. Das Ganze etwa 20 Minuten sanft köcheln lassen, bis der Kürbis weich ist.
▶ Sahne, Knoblauch, Ingwer und Curry hinzufügen und mit einem Stabmixer pürieren. Die Butter in kleinen Stückchen dazugeben und die Suppe nochmals durchmixen. Mit Salz, Muskat und Curry abschmecken.

Einlage:

▶ Die Lauchzwiebeln putzen, waschen und in dünne Ringe schneiden. Rotbarbenfilets in gleich große Stücke schneiden. Mit Salz und Pfeffer würzen. Mit den Lauchzwiebeln in einer Pfanne bei milder Hitze in Öl und Butter – mit der Hautseite zuerst – knapp 2 Minuten braten. Den Fisch wenden, die Pfanne vom Herd nehmen und die Rotbarbenfilets noch $1/2$ Minute in der Pfanne ziehen lassen.

Anrichten:

▶ Die Kürbissuppe nochmals aufschäumen und in warme Suppenteller verteilen. Je 2 Fischstücke und etwas von den Lauchzwiebeln in die Suppe geben und mit Basilikumblättern garnieren.

Rote-Bete-Birnen-Ravioli
mit Salbeibutter

*Eher keine Gäste
für Wassermänner*

*Der Wassermann überlässt
seinem Partner gern den
Abwasch in der Küche. Das –
und auch sein exzentrischer
Geschmack – wird dem treu-
esten Stier auf die Dauer zu
viel.*

*Wassermänner und Löwen
können einander gern haben.
Aber am gemeinsamen Herd
bekommt dieses Duo auf
Dauer nichts gebacken.*

*Skorpione und Wassermän-
ner, das ist nicht gerade der
Beginn einer wunderbaren
Freundschaft. In ihrer Küche
würden Teller fliegen lernen.*

Für 4 Personen
Füllung:

2 Rote Beten (je ca. 150 g)
Salz
1 reife Birne
$1/2$ TL Puderzucker
20 g Butter
Pfeffer aus der Mühle
frisch geriebene Muskatnuss

Nudelteig:

200 g Mehl
100 g Grieß
2 Eier
2 Eigelb
2 EL Olivenöl
Salz
Mehl zum Ausrollen
Grieß zum Aufbewahren

Fertigstellen:

80 g Butter
ca. 20 schöne Salbeiblätter
Salz

Füllung:
▶ Rote Beten unter fließendem Wasser gründlich bürsten und in reichlich Salzwasser weich kochen. Schälen und in möglichst kleine Würfel schneiden. Birne schälen, vierteln, entkernen und in kleine Würfel schneiden. Puderzucker in einer Pfanne bei milder Hitze karamellisieren lassen. Bir- nenwürfel dazugeben, kurz anschwitzen, Rote Beten und Butter hinzufügen, durchschwenken und mit Salz, Pfeffer und Muskatnuss würzen, abkühlen lassen.

Nudelteig:
▶ Mehl, Grieß, Eier, Eigelb, Olivenöl und 1 Prise Salz zu einem glatten, elastischen Teig verkneten. In Frischhalte- folie wickeln und bei Zimmertemperatur mindestens 30 Minuten ruhen lassen.
▶ Mit einem Nudelholz oder einer Nudelmaschine den Teig dünn ausrollen, dabei mit etwas Mehl bestäuben. Den aus- gerollten Teig dünn mit Wasser bestreichen. Auf eine Hälfte im Abstand von 8 cm je 1 Esslöffel Füllung setzen und die zweite Teighälfte möglichst faltenfrei darüber legen. Die Zwischenräume gut andrücken und mit einem großen Plätzchenausstecher Ravioli ausstechen. Bis zur Weiterver- wendung auf eine mit Grieß bestreute Unterlage setzen.

Fertigstellen:
▶ Ravioli in reichlich siedendem Salzwasser 2 Minuten zie- hen lassen. Butter in einer Pfanne bei milder Hitze mit den Salbeiblättern hell bräunen lassen, leicht salzen. Die Ravioli in der Salbeibutter durchschwenken und sofort servieren.

Waller auf Rettichgemüse
mit Meerrettich-Kräuter-Pesto

Für 4 Personen
Pesto:

20 g Pinienkerne
1 Bund gemischte Kräuter
(z. B. Petersilie, Kerbel, Basilikum; insgesamt ca. 70 g)
50 g blanchierter Blattspinat
2 gehackte Knoblauchzehen
1 EL geriebener Parmesan
1 EL Sahnemeerrettich
$1/2$ TL Zitronensaft
ca. $1/8$ l Olivenöl
Salz · Pfeffer aus der Mühle

Gemüse:

600 g weißer Rettich
Salz · 40 g Butter
100 ml Gemüsebrühe
Cayennepfeffer
frisch geriebene Muskatnuss
1 EL glatte Petersilie
(grob gehackt)

Fisch:

600 g Wallerfilet (ohne Haut
und Gräten)
Salz · Pfeffer aus der Mühle
2–3 EL Öl

Pesto:

▸ Pinienkerne in einer Pfanne ohne Fett hell rösten. Kräuterblätter von den Stielen zupfen, waschen und trockenschleudern. Blätter zusammen mit Pinienkernen, Spinat, Knoblauch, Parmesan, Sahnemeerrettich, Zitronensaft und etwas Olivenöl im Mixer pürieren. So viel Olivenöl dazugeben, bis das Pesto eine leicht flüssige Konsistenz hat. Salzen und pfeffern.

Gemüse:

▸ Rettich schälen und den Blattansatz abschneiden. Rettich der Länge nach in dünne Scheiben und dann in 3 bis 4 cm lange und 1 cm breite Stifte schneiden. Rettichstifte in kochendem Salzwasser bissfest blanchieren, abgießen und abtropfen lassen. Zusammen mit der Hälfte der Butter in einer Pfanne bei milder Hitze kurz anbraten, mit Brühe ablöschen, mit Salz, Cayennepfeffer und Muskatnuss würzen. Die restliche Butter im Gemüse schmelzen lassen. Zum Schluss mit Petersilie bestreuen.

Fisch:

▸ Den Waller in 8 Stücke schneiden, salzen und pfeffern. In einer Pfanne bei mittlerer Hitze im Öl auf beiden Seiten in insgesamt etwa 4 Minuten glasig braten.
▸ Den Waller mit dem Rettichgemüse auf vorgewärmten Tellern anrichten. Mit etwas Pesto beträufelt servieren.

Schuhbecks Tipp:
Das restliche Pesto separat zum Fisch reichen und kleine, gebratene Kartoffeln dazu servieren.

Nuss-Soufflé
mit Kirschsauce

**Für 6 Förmchen (120 ml
Fassungsvermögen)**

Sauce:

1 EL Speisestärke

1/8 l Rotwein

1 EL Puderzucker

1/8 l Portwein

1/8 l Kirschsaft

100 ml Sauerkirschsaft

50 g Zucker

1 Zacken Sternanis

1/2 Zimtstange

1 aufgeschlitzte Vanilleschote

1 Streifen unbehandelte
Orangenschale

1 TL Honig

2 cl Kirschwasser

Soufflé:

75 g gemahlene Haselnüsse

75 g Biskuitbrösel

75 g weiche Butter

3 Eigelb

60 g Zucker

1/2 TL Speisestärke

2 cl Weinbrand

2 cl Nusslikör

Butter und Zucker für die
Förmchen

Puderzucker zum Bestäuben

Sauce:

▶ Die Speisestärke mit etwas Rotwein verrühren. Puderzucker in einem Topf bei mittlerer Hitze karamellisieren lassen. Restlichen Rotwein und Portwein dazugießen, auf die
Hälfte reduzieren lassen. Kirschsäfte, Zucker, Sternanis,
Zimtstange und Vanille hinzufügen und die Sauce zum
Kochen bringen. Die Stärke-Rotwein-Mischung hineinrühren und bei milder Hitze 2 Minuten sanft köcheln lassen.
Den Topf vom Herd nehmen, Orangenschale und Honig hinzufügen. Die Sauce abkühlen lassen, durch ein Sieb gießen
und mit Kirschwasser abschmecken.

Soufflé:

▶ Den Backofen auf 160 °C vorheizen (keine Umluft!).

▶ Die Nüsse auf einem Backblech im vorgeheizten Ofen in
etwa 5 bis 8 Minuten hell bräunen. Auskühlen lassen und
mit den Biskuitbröseln vermischen. Die Backofentemperatur anschließend auf 210 °C erhöhen. Ein tiefes Backblech
1 bis 2 cm hoch mit Wasser füllen und im Backofen auf der
unteren Einschubleiste erhitzen.

▶ Butter mit Eigelb und 30 g Zucker aufschlagen, bis die
Masse hellgelb ist. Den übrigen Zucker mit der Stärke vermischen und das Eiweiß mit der Zucker-Stärke-Mischung
zu cremigem Schnee schlagen. Abwechselnd mit Bröseln,
Weinbrand und Likör unter die Buttermasse heben.

▶ Die Förmchen mit Butter einfetten und mit Zucker aus-
streuen. Zu drei Viertel mit der Soufflémasse füllen und in
das Wasserbad stellen. Das Soufflé in etwa 20 bis 25 Minuten hell backen. Mit Puderzucker bestäuben und sofort
servieren. Kirschsauce separat dazu reichen. Oder die
Soufflés aus den Förmchen auf Teller mit etwas Kirschsauce stürzen. In jedem Fall sollte ein Soufflé so schnell wie
möglich serviert werden, da es schnell zusammenfällt.

137

Einem Wassermann müssen
Sie nicht unbedingt etwas
schenken. Er wird sich über
Sie selbst freuen und es
nicht übel nehmen, wenn Sie
mit leeren Händen bei ihm
erscheinen. Er würde sich
schließlich auch selbst nur
selten die Mühe machen,
eine Flasche Wein oder was
man sonst „halt so mit-
bringt" für Sie zu besorgen.
Science-Fiction-Romane oder
Comics begeistern ihn fast
immer. Auch Gesellschafts-
spiele, absurde Kleinigkeiten
wie Knallfrösche, eine Einladung zu einem Flug mit dem
Heißluftballon oder irgendein
ideelles Geschenk freuen ihn
sehr. Vielleicht hat Ihr Freund
auch anlässlich seiner Einladung ein Spendenkonto
zugunsten einer sozialen
Randgruppe oder eines
unterdrückten Volkes eingerichtet und fordert Sie auf,
doch lieber dort etwas einzu-
zahlen, als Geld für ihn aus-
zugeben.

Weiße Schokoladenmousse
mit kandierten Limetten

Für 4 Personen
Kandierte Limetten:
5 unbehandelte Limetten
300 g Zucker

Mousse:
200 g weiße Kuvertüre
380 g Sahne
3 EL weißer Rum
2 Blatt Gelatine
3 Eigelb

Kandierte Limetten:
▸ Die Limetten heiß waschen, abtrocknen und die Schale
möglichst dünn – ohne die weiße Haut – abschälen. Die
Schalen in Wasser 10 Minuten köcheln lassen und auf
einem Sieb abgießen.
▸ 300 ml Wasser mit 75 g Zucker aufkochen, die Schalen
darin 15 Minuten lang leise köcheln lassen. Nochmals
75 g Zucker hinzufügen, das Ganze wiederum 15 Minuten
köcheln lassen und den Vorgang mit dem übrigen Zucker
noch zweimal wiederholen. Die Limettenschalen im Zuckersirup abkühlen lassen.

Mousse:
▸ Die kandierten Limettenschalen aus dem Sirup nehmen,
abtropfen lassen und klein hacken. Die Kuvertüre mit
80 g Sahne im Wasserbad schmelzen. Den Rum in einem
kleinen Topf vorsichtig erhitzen. Die Gelatine in kaltem Wasser einweichen, ausdrücken und im heißen Rum auflösen.
▸ Eigelb mit 1 Esslöffel des Limetten-Zucker-Sirups aufschlagen, bis die Masse hellgelb ist. Weiße Schokosahne
und 1 Esslöffel gehackte kandierte Limettenschale hinzufügen, Rum hineinrühren und abkühlen lassen.
▸ Die restliche Sahne halbsteif schlagen, zuerst ein Drittel,
dann die restliche Sahne vorsichtig unterheben. In Portionsförmchen füllen und zugedeckt im Kühlschrank für
mindestens 2 Stunden kalt stellen.

Schuhbecks Tipp:
Kandierte Limettenschalen
halten sich gut verschlossen im
Kühlschrank mehrere Wochen.

Der Wassermann
als Gastgeber

Wassermänner sind sehr gastfreundlich und sehr tolerant. Sie sind nicht gerne alleine, lieben die Gemeinschaft und nehmen jeden Anlass wahr, die unterschiedlichsten Freunde zum Feiern zusammenzuführen. Wenn Sie bei einem Wassermann eingeladen sind, wundern Sie sich nicht, wenn hier einiges anders abläuft als üblich. Eine typische Wassermann-Eigenart ist es, sich bei der eigenen Party in Luft aufzulösen. Sei es, dass er tatsächlich seine Wohnung den Freunden zum Feiern überlässt oder andere freundlich einlädt, das Kochen und die weitere Abendgestaltung an seiner Stelle zu übernehmen.

Erwarten Sie auch nicht, dass der Tisch fertig gedeckt ist, wenn die ersten Gäste kommen, oder dass Sie jedem einzelnen Anwesenden vorgestellt werden. Der Wassermann vergisst schon mal gerne solche Förmlichkeiten und Konventionen sind ihm ohnehin ein Graus. Auf seiner Party werden Sie die ungewöhnlichsten Menschen treffen, möglicherweise sogar jemanden, den Ihr Wassermann-Freund erst kurz zuvor auf der Straße kennen gelernt und spontan mit zu sich ins Haus gebracht hat.

Wassermann-Wohnungen sind meist schon so eingerichtet, dass dort viele Menschen ungestört ein- und ausgehen können. In seinen vier Wänden wird oft bis in die frühen Morgenstunden gefeiert und verärgerten Nachbarn, die sich beschweren, oder gar der herbeigerufenen Polizei lachend die Türe vor der Nase zugemacht. Falls dieser unkonventionelle Gastgeber am Ende seiner Party einen betrunkenen Gast in seinem Bett vorfindet, dürfte ihn das nicht vor größere Probleme stellen. Dann sucht er sich eben eine andere Schlafgelegenheit.

Was schmeckt
dem Fisch

Fische essen gerne fantasievoll, aber schätzen grundsätzlich einfaches, bodenständiges Essen. Dieses Sternzeichen
hat feine Geschmacksnerven, was dazu führt, dass manche
Fische auch im feinstofflichen Bereich würzen. Milde Sahne-
oder Käsesaucen, Brei oder Suppen mit Estragon oder Dill
sind bei ihnen beliebt. Fische essen tatsächlich auch selbst
gerne Fisch, auch Reisgerichte aller Art, Nudelaufläufe und
Ofengerichte wie die Quiche gehören ebenfalls zu ihren
Leibspeisen. Das Essen darf gehaltvoll und verspielt sein.
Bittere Salate mit Chicorée oder Endivien sind eine gute
Ergänzung für das Fische-Menü. Spinat, Karotten und Brokkoli gehören zu ihren Lieblingsgemüsen, außerdem lieben
sie Alkohol in den Speisen, vor allem im Nachtisch: Der kann
klassisch sein, cremig, süß und hochprozentig schmecken.
Fische trinken viel und gerne: Alle Teesorten, Wasser, aber
auch ein leichtes „Helles" und blumige Rot- und Weißweine.

Der Fisch bringt die Intuition

und Fantasie in die Küche.

Den Kreationen dieses

Wasserzeichens sind

keine Grenzen gesetzt.

Wie kocht
der Fisch

Fische kochen mit Intuition und Fantasie. Selten wird sich dieses Sternzeichen mit einem Kochbuch auseinander setzen, allenfalls um das Rezept als kreative Anregung für die eigenen Ideen zu nutzen. Der Alltag in der Küche, Einkaufen oder Kochen unter Termindruck treibt Fische an den Rand des Nervenzusammenbruchs. Sie brauchen ihre innere Freiheit und niemanden, der sie in der Küche mit praktischen Hinweisen bedrängt.

Fischen fehlt jedes Gefühl für Mengenangaben. Gewürze werden nach der Methode Pi mal Daumen über das Gericht gestreut. Dieses Sternzeichen kocht zwar gut und gerne, aber auch ausufernd. Wenn Sie zu einem romantischen Candlelight-Dinner zu zweit eingeladen sind und in der Küche ein Suppentopf für eine ganze Kompanie vor sich hinbrodelt, ist Ihr Gastgeber sicher ein Fisch! Konzentration auf das Wesentliche fällt diesen verträumten, kreativen Köchen schwer.

Große wie kleine Fische spielen mit dem Essen und zaubern in unbeobachteten Momenten mit der Gabel Bilder auf den Teller. Die Dekoration des Gerichtes ist wichtig: Japanische Gemüseschnitzereien können einen Fisch genauso begeistern wie ein Schokostreuselgesicht auf ihrem Grießbrei. Fische-Küchen sind romantisch-verspielt eingerichtet, in der Regel hängt mindestens ein Bild an der Wand. In der Spüle und den Schränken dagegen herrscht das Chaos. Dieses Sternzeichen achtet in puncto Ordnung nicht auf Details.

Cremige Polenta
mit Mascarpone und Walnüssen

Für 4 Personen

1 1/4 l Milch

1 Lorbeerblatt

225 g Polenta (Maisgrieß, mittlere Körnung)

2 EL grob gehackte Walnüsse

1/2 TL Puderzucker

70 g Mascarpone

Salz

Pfeffer aus der Mühle

1 Prise frisch geriebene Muskatnuss

2 EL flüssige braune Butter

60 g halbfester Schnittkäse (z. B. Taleggio, St. Nectaire oder auch Gorgonzola)

Fett für die Auflaufform

▶ Die Milch zusammen mit dem Lorbeerblatt in einem großen Topf bei mittlerer Hitze zum Köcheln bringen. Kurz ziehen lassen und das Lorbeerblatt wieder entfernen. Polenta langsam unter ständigem Rühren mit einem Schneebesen in die köchelnde Milch hineinrieseln lassen. Die Polenta bei ganz milder Hitze 30 bis 40 Minuten quellen lassen, bis ein sehr weicher, cremiger Brei entstanden ist. Dabei häufig mit einem Holzlöffel umrühren.

▶ Backofen auf 160 °C vorheizen. Walnüsse grob hacken, auf einem mit Backpapier ausgelegten Blech verteilen, mit Puderzucker bestäuben und im vorgeheizten Backofen in 5 bis 8 Minuten hellbraun backen. Auskühlen lassen. Die Grillfunktion des Backofens einschalten.

▶ Mascarpone unter das Polentapüree heben, mit Salz, Pfeffer, Muskatnuss und brauner Butter würzen und das Püree in eine gefettete Auflaufform gießen. Käse entrinden, grob reiben, die Polenta damit bestreuen. Auf der mittleren Einschubleiste unter dem vorgeheizten Grill überbacken, bis der Käse geschmolzen ist. Walnüsse auf die Polenta streuen und heiß servieren. Die Polenta als Hauptgericht reichen oder als Beilage zu kurz gebratenem oder geschmortem Fleisch, wie auch zu Ragouts.

Der Fisch-Gourmet braucht keine klaren Formen: Cremige Speisen liebt er deshalb sehr!

Erbsensuppe
mit Endiviensalat und Zandernockerln

Für 4 Personen

Zandernockerln:

150 g eiskaltes Zanderfilet (ohne Haut und Gräten)

Salz

1/2 TL Senf

Cayennepfeffer

150 g eiskalte Sahne

Erbsensuppe:

100 g Endivienblätter

1 Zwiebel

1 EL Öl

50 ml Weißwein

3/4 l Gemüsebrühe

250 g Erbsen (tiefgekühlt)

100 g Sahne

Salz

1 Prise Zucker

Cayennepfeffer

frisch geriebene Muskatnuss

8 Dillzweige

Zandernockerln:

▶ Das Fischfilet in Würfel schneiden, salzen und für 5 Minuten ins Gefrierfach legen. In eine Moulinette geben, Senf und Cayennepfeffer hinzufügen und kurz durchmixen, bis eine Bindung entsteht.

▶ Nach und nach die Sahne hinzufügen. Dabei immer erst dann wieder Sahne dazugeben, wenn die vorherige Portion vollständig vom Fischfleisch aufgenommen wurde. Die Farce ist fertig, sobald sie glatt und glänzend ist.

▶ In einem Topf Salzwasser zum Kochen bringen und vom Herd nehmen. Mit 2 nassen Teelöffeln aus der Farce kleine Nocken abstechen und im Salzwasser bei etwa 80 °C 5 Minuten ziehen lassen. Die Nocken können darin auch etwas warm gehalten werden.

Erbsensuppe:

▶ Für die Einlage die Endivienblätter waschen, abtropfen lassen und in möglichst feine Streifen schneiden.

▶ Zwiebel schälen, in kleine Würfel schneiden und in einem Topf bei mittlerer Hitze im Öl glasig dünsten. Mit Weißwein ablöschen, reduzieren lassen, mit der Brühe aufgießen und 15 Minuten leise köcheln lassen. Die Erbsen hinzufügen und 3 Minuten darin ziehen lassen. Die Sahne dazugießen und alles mit einem Stabmixer nicht zu fein pürieren. Die Endivienstreifen dazugeben, die Suppe nochmals kurz erhitzen und mit Salz, Zucker, Cayennepfeffer und Muskatnuss abschmecken. In vorgewärmte Teller verteilen und die Zandernockerln hineingeben. Mit Dill garnieren.

Camembert-Quiche
mit Äpfeln und Thymian

Für 6 Personen

Mürbeteig:

100 g weiche Butter

1 Eigelb

1 Prise Zucker

$1/2$ TL Salz

1 EL Milch

170 g Mehl (gesiebt)

Füllung:

2 kleine saftige Äpfel
(z. B. Cox Orange)

1 TL Puderzucker

20 g Butter

200 g reifer Camembert
oder Brie

1 Ei

2 Eigelb

100 g Sahne

200 ml Milch

Salz

Pfeffer aus der Mühle

frisch geriebene Muskatnuss

1 TL frische Thymianblättchen
(grob gehackt)

Butter für die Form

Mürbeteig:

▶ Butter mit Eigelb, Zucker, Salz und Milch gut mischen, Mehl nach und nach dazugeben und mit einer Küchenmaschine rasch zu einem glatten Mürbeteig kneten. Mit den Händen auf einer bemehlten Arbeitsfläche zu einer dicken Scheibe formen, in Frischhaltefolie wickeln und im Kühlschrank mindestens 2 Stunden kalt stellen.

Füllung:

▶ Äpfel schälen, vierteln, entkernen und in 1 cm dicke Spalten schneiden. Puderzucker in einer Pfanne bei mittlerer Hitze karamellisieren lassen, Apfelspalten dazugeben und leicht anbraten. Butter darin schmelzen lassen, durchschwenken. Die Pfanne vom Herd nehmen und die Äpfel auskühlen lassen.

▶ Camembert entrinden und in sehr kleine Würfel schneiden. Ei, Eigelb, Sahne und Milch mit einem Stabmixer aufschlagen, durch ein Sieb gießen und mit etwas Salz, Pfeffer und Muskatnuss würzen. Thymianblättchen hineinrühren.

▶ Mürbeteig auf einer bemehlten Arbeitsfläche zu einem 3 bis 4 mm dünnen Kreis von etwa 30 cm Durchmesser ausrollen. Eine Backform (22 cm Durchmesser, 4 cm Höhe) mit Butter einfetten. Mit dem Teig belegen, diesen dabei gut andrücken, überschüssigen Teig abschneiden. Teig mit einer Gabel mehrmals einstechen und 30 Minuten in den Kühlschrank stellen. Den Backofen auf 170 °C vorheizen.

▶ Die Apfelspalten auf dem Mürbeteigboden verteilen, die Camembertwürfel darauf streuen und den Eierguss darüber gießen. Die Quiche im vorgeheizten Ofen in etwa 35 Minuten goldbraun backen.

Rund um den Fisch-Tisch

Der Fisch-Tisch ist romantisch-verspielt: Bitte machen Sie deshalb kein direktes Licht und zünden Sie besser hellgrüne oder blaue Kerzen an. Sorgen Sie für einen Strauß Blumen oder Pflanzen, die über den Tisch ranken – Girlanden wurden sicher von und für Fische erfunden. Dieses Sternzeichen liebt Tiere und Natur, deshalb ist sein Geschirr oder seine Serviettenringe gerne mit kleinen Schweinchen, Pferden, Hunden oder Efeuranken verziert. Vergessen Sie nicht die Musik: Fische lieben sie und tanzen gerne!

Kresse-Risotto
mit gebratenem Kaninchenfilet

Für 4 Personen

Risotto:
1 Zwiebel · 2 EL Olivenöl
300 g Risottoreis
1 kleines Lorbeerblatt
80 ml Weißwein
ca. 1 l heiße Geflügelbrühe
1/2 geschälte Knoblauchzehe
1 Scheibe frischer Ingwer
1 Streifen unbehandelte Zitronenschale
Salz · Cayennepfeffer
frisch geriebene Muskatnuss
20 g Butter

Kaninchen:
2 Kaninchenrückenfilets (küchenfertig)
Salz · Pfeffer aus der Mühle
20 g Butter
1 TL grob gehackter Estragon

Anrichten:
1 Hand voll Brunnenkresseblätter

Risotto:
▶ Die Zwiebel schälen und in kleine Würfel schneiden. In einem Topf im Olivenöl bei mittlerer Hitze glasig dünsten. Den Reis hinzufügen und so lange mitschwitzen lassen, bis die Körner heiß und glasig sind. Das Lorbeerblatt dazugeben, mit Weißwein ablöschen. Den Wein reduzieren lassen und mit etwas heißer Brühe aufgießen.
▶ Unter ständigem Rühren immer wieder etwas Geflügelbrühe dazugießen und vom Reis aufnehmen lassen, bis die Reiskörner weich sind, aber noch Biss haben. Nach etwa 10 Minuten Knoblauch, Ingwer und Zitronenschale in das Risotto geben. Zum Schluss die Gewürze wieder entfernen. Das Risotto mit Salz, Cayennepfeffer und Muskatnuss würzen und die Butter darin schmelzen lassen.

Kaninchen:
▶ Die Kaninchenrückenfilets in 1/2 cm breite Scheiben schneiden, salzen und pfeffern. In einer Pfanne die Butter aufschäumen lassen, die Filets darin bei mittlerer Hitze knapp 1 bis 2 Minuten anbraten und zum Schluss den Estragon hinzufügen.

Anrichten:
▶ Die Brunnenkresseblätter waschen, trockenschleudern, grob hacken und unter das Risotto rühren. Das Kresse-Risotto auf warmen Tellern anrichten und die Filetscheiben darauf verteilen.

Schuhbecks Tipp:
Anstelle des Kaninchens passt auch gut Geflügelbrust, Kalbsfilet oder ein gebratener Fisch zum Kresse-Risotto.

146

Nudelauflauf
mit Brokkoli und zweierlei Käse

Für 4 Personen

Sauce:
300 g Bergkäse (z. B. Gruyère, Appenzeller)
150 g milder Gorgonzola
850 ml Milch
35 g Butter
35 g Mehl (gesiebt)
1 Lorbeerblatt
1 Streifen unbehandelte Zitronenschale
Salz
Cayennepfeffer
1 Prise frisch geriebene Muskatnuss

Füllung:
220 g kurze Röhrennudeln (z. B. Penne, Hörnchen)
Salz
1 TL Öl
400 g Brokkoli

Fertigstellen:
3 Toastbrot- oder Weißbrotscheiben (ca. 100 g)
20 g flüssige Butter
Butter für die Auflaufform

Sauce:
▸ Bergkäse entrinden und grob reiben. Gorgonzola ebenfalls entrinden und in kleine Stücke schneiden.
▸ Milch erhitzen. Butter in einem Topf bei milder Hitze schmelzen lassen, Mehl dazugeben, gut mit der Butter mischen und einige Minuten anschwitzen, ohne das Mehl dabei zu bräunen. Die Milch langsam dazugießen, dabei mit einem Schneebesen gut verrühren. Die Sauce bei milder Hitze gut 20 Minuten unter regelmäßigem Rühren sanft köcheln lassen. Nach 10 Minuten Lorbeerblatt und Zitronenschale dazugeben. Den Topf vom Herd nehmen, Gewürze wieder entfernen. Zwei Drittel des Bergkäses und den Gorgonzola in die Sauce geben und rühren, bis der Käse geschmolzen und die Sauce glatt ist. Mit Salz, Cayennepfeffer und Muskatnuss abschmecken.

Füllung:
▸ Nudeln in kochendem Salzwasser 2 bis 3 Minuten garen. Abgießen, kurz ausdampfen lassen und mit ein paar Tropfen Öl vermischen.
▸ Brokkoli putzen, in einzelne kleine Röschen teilen und in kochendem Salzwasser 30 Sekunden blanchieren. In kaltem Wasser abschrecken und abtropfen lassen.

Fertigstellen:
▸ Backofen auf 190 ℃ vorheizen. Die Brotscheiben entrinden, in sehr kleine Stücke brechen und mit der flüssigen Butter mischen. Nudeln und Brokkoli unter die warme Käsesauce mischen, in eine gebutterte Auflaufform füllen, glatt streichen und mit dem restlichen Bergkäse und der Toast-Butter-Mischung bestreuen. Den Auflauf im vorgeheizten Ofen gut 30 Minuten goldbraun backen, bis die Nudeln weich sind.

Buttermilchwaffeln
mit Preiselbeersahne

Für 8–9 Stück
Waffeln:

280 g Mehl

1 1/2 TL Backpulver

50 g brauner Zucker

100 g Butter · 3 Eier

1/2 l Buttermilch
(zimmerwarm)

1 Msp Vanillemark

1 Msp abgeriebene unbehandelte Zitronenschale

Salz

Butter zum Einfetten

Sahne:

200 g Sahne

1 TL Puderzucker

4 cl Kirschwasser

2–3 EL Preiselbeeren
(aus dem Glas)

Puderzucker zum Bestäuben

Waffeln:

▶ Das Waffeleisen vorheizen.

▶ Mehl und Backpulver in eine Schüssel sieben und mit dem Zucker mischen. Butter bei milder Hitze schmelzen lassen. Die Eier trennen. Eigelb mit Buttermilch, flüssiger Butter, Vanillemark, Zitronenschale und Salz glatt rühren. Die Eigelbmischung zu den trockenen Zutaten geben und alles rasch zu einem zähflüssigen Teig vermischen. Eiweiß mit 1 Prise Salz steif schlagen und vorsichtig unter den Teig heben.

▶ Das vorgeheizte Waffeleisen leicht mit Butter einfetten und den Teig darin zu Waffeln backen. Die fertigen Waffeln im Backofen bei 80 ℃ warm halten.

Sahne:

▶ Die Sahne halbsteif schlagen, den Puderzucker dazusieben, kurz weiterschlagen und die Sahne mit Kirschwasser aromatisieren. Zum Schluss die Preiselbeeren unterheben.

Anrichten:

▶ Die Waffeln nach Belieben mit Puderzucker bestäuben und zusammen mit der Preiselbeersahne servieren.

Schuhbecks Tipp:
Die Buttermilchwaffeln können gut verpackt bis zu einem Monat eingefroren werden. Kurz vor dem Verzehr die gefrorenen Waffeln im vorgeheizten Ofen bei 100 ℃ nochmals aufbacken und lauwarm servieren.

Eher keine Gäste für Fische

*Mit **Zwillingen** verbinden Fische vor allem Missverständnisse. Das unklare Verhalten der Fische-Gastgeber bringt den realitätsbewussten Zwillings-Gast außer Rand und Band.*

*Das realistische, kritische Verhalten der **Jungfrauen** ist dem verträumten Fisch völlig fremd. Das gibt mehr als eine verdorbene Mahlzeit.*

***Schützen** sind den Fischen zu direkt. Selten werden sie diesen unsensiblen Gast in ihrer Psychoküche ertragen.*

Grießflammerie
mit Orangen-Pistazien-Ragout

Für 4 Personen

Grießflammerie:

2 Eigelb
50 g Zucker
3 1/2 Blatt Gelatine
1/4 l Milch
je 1 Msp abgeriebene unbehandelte Zitronen- und Orangenschale
1/2 aufgeschlitzte Vanilleschote
1 Msp fein gehackter Ingwer
40 g Weizengrieß
1 TL Stroh-Rum
200 g Sahne
1 Eiweiß · Salz

Orangenragout:

3 unbehandelte Orangen
Saft von 4 Orangen
1 TL Puderzucker
1 Msp Vanillemark
1 Streifen unbehandelte
Orangenschale
2 EL Zucker
1 EL geschälte Pistazien
40 g kalte Butter
2 EL Orangenlikör
(z. B. Grand Marnier)

Grießflammerie:

▶ Eigelb mit der Hälfte des Zuckers aufschlagen, bis die Masse hell und schaumig ist.

▶ Gelatine in kaltem Wasser einweichen. Die Milch mit dem restlichen Zucker, Zitronen- und Orangenschale, Vanille-schote und Ingwer aufkochen, den Grieß unter Rühren hi-neinrieseln lassen und unter weiterem Rühren in wenigen Minuten zu einem Brei kochen. Vom Herd nehmen, die Vanilleschote entfernen und den Brei nach und nach in die Eigelbmasse rühren. Die Gelatine ausdrücken und zusam-men mit dem Rum in den warmen Grießbrei rühren. Auf Zimmertemperatur abkühlen lassen.

▶ Die Sahne halbsteif schlagen, das Eiweiß mit 1 Prise Salz cremig aufschlagen und beides nacheinander unter die Grießmasse ziehen.

▶ Den Grießbrei in Portionsförmchen füllen und im Kühl-schrank mehrere Stunden durchkühlen lassen.

Orangenragout:

▶ Die Orangen mit einem Messer so schälen, dass auch die weiße Haut entfernt wird, und die Filets zwischen den Trennwänden herausschneiden. Den dabei austretenden Saft auffangen und zum Saft der 4 Orangen hinzufügen.

▶ In einem kleinen Topf den Puderzucker karamellisieren lassen. Mit dem Orangensaft ablöschen. Vanillemark, Oran-genschale, Zucker und Pistazien hinzufügen. Den Orangen-saft bei milder Hitze um ein Drittel reduzieren lassen. Die Orangenfilets hineingeben, erhitzen, den Topf vom Herd nehmen und die Butter in kleinen Stückchen dazugeben und unterrühren. Das Ragout mit Orangenlikör abschme-cken und die Orangenschale wieder entfernen.

Der Fisch
als Gastgeber

Fische sind sehr gastfreundliche und gesellige Menschen, solange sie nicht unter Termin- und Leistungsdruck gesetzt werden. Dieses Sternzeichen ist hochgradig sensibel – vor allem, wenn es um eigene Belange geht – und kann durch Stress oder unbedachte Bemerkungen in ernste Depressionen verfallen. Als Gastgeber beherrschen Fische die Kunst der Tarnung. Nie werden Sie die ganze Wahrheit über Fische und ihre Küchentricks erfahren, immer hüten sie ein kleines Geheimnis, selten werden sie Ihnen ein genaues Rezept verraten.

Fische haben ein sehr feines Gespür für die Gefühle anderer Menschen und opfern sich nicht nur beim Kochen schon mal für die Falschen auf – Realismus ist nicht gerade ihre Stärke. Nicht umsonst finden Sie in einem Fische-Haushalt meist mehr Psychologie- als Kochbücher. Wenn Sie einen Fische-Gastgeber verärgert haben, werden Sie das allerdings sofort spüren. Nicht, weil er es Ihnen sagen würde: Fische sind in der Lage, länderübergreifend Stimmungen zu verbreiten, und Sie können einen ganzen Sommerurlaub lang in Italien darüber nachdenken, was Sie Ihrem Freund zu Hause angetan haben könnten. Der Fisch lässt es Sie „intuitiv" erahnen.

Vielleicht wird der Fisch, wenn Sie sich für die Einladung zu einem indischen Essen bedanken und seine Kochkünste in großer Runde preisen, eine Grimasse ziehen und allen eine unglaubliche Münchhausengeschichte auftischen, dass er extra für den Abend eine neue Köchin aus Bangladesch eingestellt habe. Keiner weiß, warum er so reagiert, aber für den bescheidenen Fisch gehört so ein humoristisches Ablenkungsmanöver von den Tatsachen fast zum guten Ton.

Rezeptregister